やさしくレッスン
レトロで可愛いレース編み

河合真弓

My First Crochet Lace

scene 1
懐かしいのに新しい、レトロなレースモチーフ

南十字星のモチーフでコースター　4
南十字星のモチーフでサシェとドイリー　5
南十字星のモチーフでビスチェ　11
風車模様のドイリーとジャグカバー　12
ポットホルダー　17
ボタニカル模様のテーブルセンター　21

scene 2
巻いてかけて、コーディネートのアクセント

パイナップル模様のヘアバンド　22
蝶の羽模様のストール　23
方眼レースのマフラー　24
木の葉模様のミニケープ　28
木の葉模様のつけ衿　29
フリルのカフス　30
小花模様のつけ衿とカフス　31

scene 3
とっておきのクロッシェウエア

レーシープルオーバー　32
ブレードフリルのプルオーバー　33
ラダーリボン模様のプルオーバーと
シェル編みのつけ衿　34
チュニックワンピース　35

scene 4
いくつも編みたくなるバッグ＆ポーチ

まんまる巾着　36
ビーズ飾りのがま口ポーチ　37
バラ模様のバッグ　38
花束みたいなバッグ　39

scene 5
糸のお片付けに最適！小さなレース編み

ブーケのコサージュと葡萄のブローチ　42
ロマンチックなラリエット　43
チャーミングなストラップ　44
木の実とお花のチャーム　44
フリルのシュシュ　46

この本に関するご質問は、お電話またはWebで
書名　●　やさしくレッスン レトロで可愛いレース編み　本のコード　●　NV70812　編集担当　●　鈴木
電話　●　03-3383-0637（平日13：00～17：00受付）
Webサイト　●　「手づくりタウン」https://www.tezukuritown.com/　※サイト内（お問い合わせ）からお入りください。（終日受付）

レース編み、はじめる前に　6

process
南十字星のモチーフを編んでみよう　7
風車模様のドイリーを編んでみよう　13
ポットホルダーを編んでみよう　18
方眼レースのマフラーを編んでみよう　25
フリルのシュシュを編んでみよう　46

point lesson
ビーズの編み入れ方　鎖編み　16
ビーズの編み入れ方　細編み　37
バッグの持ち手　まとめ方　40
お花の立体モチーフ　編み方・つなぎ方　41
木の実と巻きバラの仕上げ方　45
実の編み方　89

作品の編み方　48
使用素材一覧　48
編み目記号の編み方　90

この本の訂正、追加情報はこちら

「70812」と入力してください

本誌に掲載の作品を、複製して販売（店頭、販売サイト、ネットオークション等）することは禁止されています。手づくりを楽しむためにのみご利用ください。

scene 1

懐かしいのに新しい、レトロなレースモチーフ

昔のレース集をめくると、どうやって編むんだろう? という複雑な編み模様、
ユニークな形や配色など、今の感覚とはまた違ったデザインに夢中になります。
完成されたパターンはいつの時代にもマッチしますね。

南十字星のモチーフでコースター

モチーフを縁どる四隅のピコットは光の滴をイメージ。
夜空に輝く南十字星のような、華やかなパターンが素敵です。

糸・オリムパス エミーグランデ
編み方・7ページ

南十字星のモチーフでサシェ

2枚のモチーフを合わせて、
リボンを通して結ぶだけ。
好きな香りのポプリを入れましょう。

糸・オリムパス エミーグランデ
編み方●49ページ

南十字星のモチーフでドイリー

モチーフを4枚つないで、小さな敷物に。
もっとたくさんつないで
マルチカバーやテーブルセンターへ、
素材を替えて
ショールやひざ掛けにしてもいいですね。

糸・オリムパス エミーグランデ
編み方●49ページ

レース編み、はじめる前に

この本の作品を編みはじめる前に、まず用意しておきたい材料と用具を紹介します。

A 糸
糸には素材、太さ、色など、さまざまな種類があります。この本ではレース編み初心者にも編みやすい、レース針0号～かぎ針3/0号くらいで編む合細タイプの綿素材の糸を中心に使用しています。この本で使用した糸の紹介はP48にあります。

B レース針・かぎ針
針先がかぎ状のフックになっていて、そこに糸を引っかけて編んでいきます。レース針は0号、1号、2号…と号数が大きくなるごとに針が細くなります。かぎ針は逆に2/0号、3/0号…と号数が大きくなるごとに針が太くなります。

C メジャー
編み地のゲージから作品の仕上がり寸法まで、なんでも測ります。

D とじ針
モチーフの編み終わりや仕上げの糸の始末、作品のとじはぎに使用します。

E はさみ
手持ちのものでもよいですが、先が尖って、細かい作業がしやすい手芸用が便利。

南十字星のモチーフを編んでみよう

南十字星のモチーフには
レース編みに必要なテクニックがたくさん使われているので、
写真を追って編み進めていきましょう。

→ page 4

用意するもの

糸 オリムパス エミーグランデ 生成り（804）3g
レース針 0号

できあがりサイズ

9.5cm × 9.5cm

編み方ポイント

モチーフは輪の作り目をして編み始めます。写真プロセスと記号図を参照して6段編みます。編み終わりは糸を切って糸始末をします。

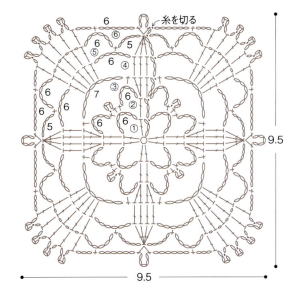

【輪の作り目】 指に糸を巻いて作る方法です

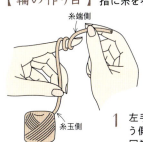

1 左手に糸を向こう側に向けて2回巻きつけます。

2 作った輪をイラストのように持ち替え、輪の中に針を入れ糸をかけて引き出します。

3 もう一度糸をかけて引き抜き、目を引きしめます。

4 輪の作り目ができました。この目は1目と数えません。

1段め

1 針に糸をかけて引き抜き、立ち上がりの鎖を3目編みます。

2 針に糸をかけて輪の中から糸を引き出します。

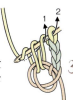

3 針に糸をかけて矢印の順に2ループずつを引き抜きます（長編み）。

4 立ち上がりの鎖3目と長編み1目が編めました。記号図のように1段めを編み進めます。

【作り目の輪を引きしめる】 1段めの編み終わりで中心の輪をしめます

5 1段めを編んだら、糸端を引いて糸2本のうちの動く糸（●）を見つけます。

6 ●の糸を引くと、もう一方の糸が動き中央の輪が縮まります。

7 中央の輪を引きしめたら、更に糸端を引いて●の糸を引きしめます。

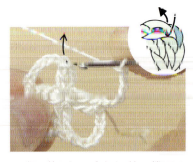

8 編み終わりは、立ち上がりの鎖3目めの半目と裏山に針を入れて糸をかけて引き抜きます。

9 モチーフの1段めが編めました。

2段め

10 立ち上がりの鎖3目を編み、前段の長編みの頭の糸2本を拾って長編みを編みます。

11 鎖6目を編み、前段の鎖の空間に針を入れて細編みを編みます。これを「束に編む（拾う）」といいます。

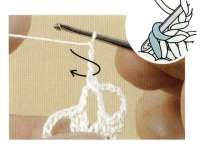

12 もう1目細編みを編んで鎖を3目編んだら、細編みの頭1本と足1本に針を入れて糸をかけて引き抜きます。

13 鎖3目の引き抜きピコット（P94）ができました。次の細編みも束に編みます。

14 段の編み終わりは、立ち上がりの鎖3目めの半目と裏山に針を入れて引き抜きます。

3段め

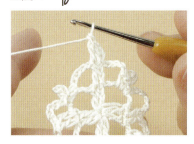

15 立ち上がりの鎖3目を編み、前段の引き抜きと同じところに長編み1目、次の目にも長編み1目を編みます。

16 更に同じ目にもう1目長編みを編みます。前段の1目に長編み2目を編み入れました（P94）。

4段め

17 記号図のように編み進め、編み終わりは、立ち上がりの鎖3目めに引き抜きます。

18 段の編み始めの長編みは前段の目に針を入れて編み、モチーフのかどの長編みは前段の鎖の空間を束に拾って編みます。

19 記号図のように編み進め、編み終わりは、立ち上がりの鎖3目めに引き抜きます。

5段め

20 立ち上がりの鎖3目・未完成の長編み3目を編み、糸をかけて針にかかっている4ループを引き抜きます。

21 次の辺からは未完成の長編みを4目編み、針にかかっている5ループを一度に引き抜きます。長編み4目一度が編めました。

22 記号図のように編み進め、編み終わりは、立ち上がりの鎖3目めに引き抜きます。

6段め

23 立ち上がりの鎖1目・細編み1目を編み、続けて鎖5目を編んだら、同じ目に細編みをもう1目編み入れます。

24 モチーフのかどには鎖編みのピコット（P94）を編みます。長編み・鎖4目編んだら1目めの鎖の半目と裏山に針を入れて引き抜き・鎖1目を編みます。

25 記号図のように編み進めます。最後の鎖5目まで編んだら（6目めは最後の糸始末で作る）糸端を10cm残して切り、引き抜きます。

【モチーフの編み終わり】編み始めと終わりの目をとじ針を使ってつなぎます

1 とじ針に糸端を通して（P10）、段の始めの細編みの頭2本に向こう側から針を入れます。

2 編み終わりの鎖5目めに針を戻します。

3 糸をゆっくりと引いて鎖1目分の大きさにします。

【糸始末】モチーフの表側から見えないように気をつけましょう

1 モチーフの裏側の編み目に針をくぐらせて糸を引きます。

2 Uターンしてもう一度編み目にくぐらせ、糸を切ります。

南十字星のモチーフが完成しました！

糸端をとじ針に通す
針穴に糸を通すときはこの方法がおすすめ

1 糸を二つ折りにしてとじ針にかけ、折り目を親指と人差し指で挟んでしごくように針から引き抜きます。

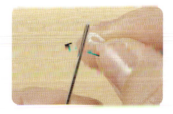

2 親指と人差し指の間から糸の折り目をほんの少し出して針穴にあてます。

3 糸は二つ折りのまま針穴に通して糸端を引き出します。

【モチーフのつなぎ方】
モチーフの最終段を編みながら隣のモチーフにつなぎます。記号図の引き抜き編みがつなぎ位置です

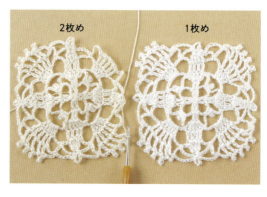

1 2枚めのモチーフのつなぎ位置（かどの四つめのピコットの手前）まで編めました。

2 鎖2目編み、3目めは1枚めのモチーフのピコット（鎖の空間）に束に針を入れて糸を引き抜きます。

3 ピコットの先が1枚めのモチーフにつながりました。2枚めのモチーフの続きを編みます。

4 モチーフの中央のつなぎ位置は、鎖の3目めでつなぎます。

5 鎖2目編み、1枚めのモチーフの鎖5目の空間に束に針を入れます。

6 糸をかけて引き抜きました。記号図を参照して編みながらモチーフ同士をつないでいきます。

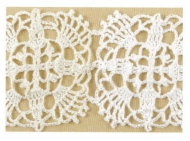

7 2枚のモチーフがつながりました。

南十字星のモチーフでビスチェ

4ページのコースターをほんの少しアレンジしたモチーフを
筒状につないで、肩ひもをつけました。
シャツやニットに合わせて、いつものスタイルに特別感をプラス。

糸●オリムパス エミーグランデ
編み方●50ページ

風車模様のジャグカバー

ジャグカバーは水差しや
ポットのホコリよけに使います。
風車模様のドイリーの縁に
ビーズを編み入れました。

糸・オリムパス エミーグランデ
編み方・16、52ページ

風車模様のドイリー

玉編み模様が愛らしい
円形モチーフのドイリー。
フレームに入れて飾ったら、
まるでアンティークレースのようにも。

糸・オリムパス エミーグランデ
編み方・13ページ

風車模様のドイリーを編んでみよう

中心から円形に編み広げたドイリーです。
コロンとした長々編みの玉編みと
鎖編みのライン、それぞれの編み目の形や
大きさを揃えて編むのがきれいのコツ。

→ page 12

用意するもの

糸　オリムパス エミーグランデ
　　生成り（804）11g

レース針　0号

できあがりサイズ

直径19cm

編み方ポイント

鎖編み8目を輪にして編み始め、写真
プロセスと記号図を参照して9段編み
ます。各段の編み終わりから立ち上がり
位置が離れているときは引き抜き編みで
進みます。編み終わりは糸を切って糸始
末をします。

【鎖編みを輪にする作り目】鎖を必要目数編んで編み終わりと始めをつなぐ方法です

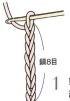

1 鎖編みを8目編みます。

2 編み始めの1目め鎖の半目と裏山に針を入れます。

3 イラストのように糸をかけて引き抜きます。

4 鎖編み8目の輪ができました。鎖編みの糸端を編み糸の上へかけます。

1段め

1 編み目と編み糸で糸端を挟むように糸をかけて引き抜きます。立ち上がりの鎖を編みます。

2 長編みの立ち上がりの鎖3目が編めました。続けて鎖をもう1目編みます。

3 針に糸をかけ、鎖編みの輪に針を入れて糸を引き出し、長編み（P91）を編みます。

4 記号図を参照して鎖編みの輪の作り目に1段めを編みます。糸端は長編み3、4目分編みくるんでおきます。

2段め

5 1段めの鎖の空間に束に針を入れて糸をかけて引き抜きます。

6 鎖の上が2段めの編み始め位置になります。立ち上がりの鎖4目を編みます。

7 針に糸を2回かけ、同じところに未完成の長々編み(P91)を2目編みます。

8 糸をかけて針にかかっている3ループを一度に引き抜きます。

9 立ち上がりの鎖4目と長々編み2目の玉編みが編めました。続けて鎖3目・長々編み・鎖3目を編みます。

10 2模様めの玉編みは、未完成の長々編みを3目編んで針にかかっている4ループを一度に引き抜きます。

11 長々編み3目の玉編みが編めました。記号図のように編み進めます。

12 段の編み終わりは編み始めの長々編み2目の玉編みの頭に針を入れて引き抜きます。

13 2段めが編めました。

3段め

14 立ち上がりの鎖4目を編み、同じ目に長々編み2目の玉編み・鎖3目・長々編み3目の玉編みを編みます。

15 前段の目に玉編みを編みます。玉編み記号の足がとじているときは目に、開いているときは束に針を入れて編みます。

16 段の編み終わりは長々編み2目の玉編みの頭に引き抜きます。

4段め

17 前段の鎖3目の空間に針を入れて引き抜き、編み始め位置を移動します。

18 立ち上がりの鎖4目と長々編み2目の玉編み・鎖3目・長々編み3目の玉編みを束に編み、記号図のように編み進めます。

5段めの編み終わり

19 編み終わりは鎖2目を編み、針に2回糸をかけて、編み始めの細編みの頭に長々編みを編みます。

20 鎖6目の代わりに鎖2目・長々編み1目（鎖4目分）で編み終わり、次段の編み始め位置を調整します。

6段め

21 立ち上がりの鎖1目を編み、前段の長々編みを束に拾って細編み1目を編みます。

22 記号図のように編み進めます。

7段め

23 引き抜き編みで編み始め位置を移動します。前段の鎖3目は鎖の半目と裏山に針を入れて引き抜きます。記号図のように編み進めます。

9段め

24 前段の鎖編みに細編みを束に編みます。

25 前段の鎖が見えないよう均等に細編みを10目編みます。

【ドイリーの編み終わり】最後の細編みを編んだら糸を切って引き出し、編み始めと終わりの目をとじ針を使ってつなぎます

1 とじ針に糸端を通して、編み始めの細編みの次の鎖目に向こう側からとじ針を入れて糸を引きます。

2 編み終わりの細編みの頭1本と足1本にとじ針を入れて針を裏側へ出すように戻します。

3 糸を引いて編み始めの細編みの頭に重ねるように鎖1目分の大きさにします。裏側で糸端を始末します（P9）。

point lesson
ビーズの編み入れ方 鎖編み

P12 四角模様のショルダーバッグに
ビーズを入れて編みます。
編む前にビーズを糸に通します。
ここではワイヤーを使って、
ビーズを簡単に通す方法を紹介します。

【ビーズに糸を通す】ワイヤー、またはテグスやビーズ針を用意します

1 約15cmのワイヤーを用意。端と端を合わせて二つ折りにします。

2 ワイヤーの端を揃えて、編み入れる終わり側のビーズから順に通していきます。

3 二つ折りにしたワイヤーの輪に編み糸をくぐらせます。

4 ビーズを編み糸に移動します。

5 指定のとおり編み糸にビーズが通りました。

【ビーズを編み入れる】記号図（P52）の7段め、9段めを参照してビーズを編み入れます

1 ビーズは編み地の向こう側に出るので、7段めは裏側を見て編みます。今まで編んでいた糸を切り、ビーズを通した糸をつけます。

2 ビーズを入れる位置まで編み進め、通しておいたビーズを編み目の際まで移動して鎖を編みます。

3 ネット編みの鎖の裏山（下向き）にビーズが入ります。

4 段の編み終わりは、編み始めの細編みに引き抜きます。編み地をまわして表側に持ち替えます。

5 8段めの1、2目めの引き抜きは半目と裏山に、3目めはビーズをよけて束に編み、編み始め位置を移動します。

6 8段めは表を見て編みます。9段めはビーズを編み入れるので裏側を見て編みます。

ポットホルダー

鍋つかみやマットに、
12ページのドイリーをアレンジしたポットホルダー。
中央が二重になっているので機能も万全です。
吊るして飾って、キッチンのアクセントにも可愛い。

糸•オリムパス エミーグランデ
編み方•18ページ

ポットホルダーを編んでみよう

P12 風車模様のドイリーの作品アレンジです。
2枚の編み地を重ねて、
縁を一緒に編んで仕上げています。

→ page 17

用意するもの

糸 オリムパス エミーグランデ
アイボリーホワイト（732）、
ストロングレッド（192）各10g

レース針 0号

できあがりサイズ

直径 19cm

編み方ポイント

A面の1〜6段めは風車模様のドイリー（P13）と同じ編み方で編み、糸を切ります。B面は長編みで8段編んで糸を休めておきます。A面とB面を外表に重ね、縁をB面の休めておいた糸で2段編みます。3段めはA面の糸をつけて編みます。

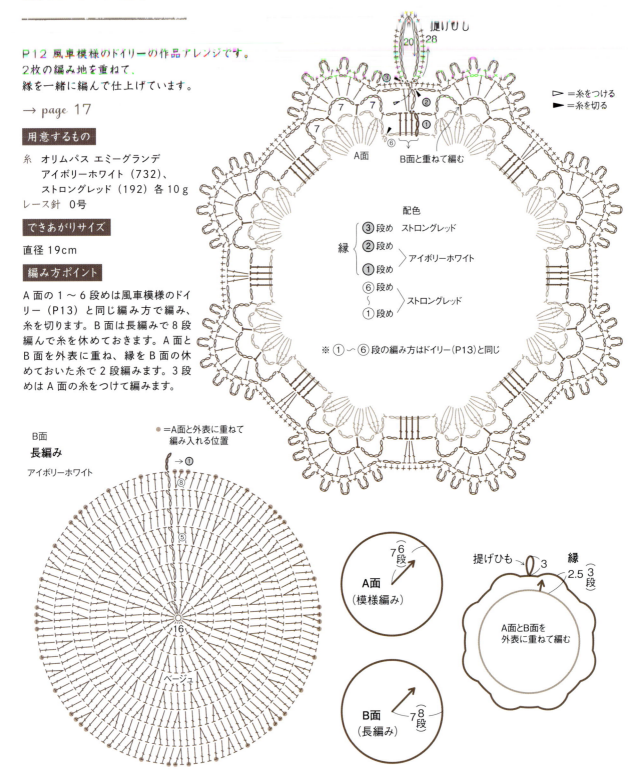

縁の1段め

1 A面がポットホルダーの表側、B面が裏側です。編み地の立ち上がりを上にし、中心を合わせて外表に重ねます。

2 B面の目からいったん針をはずし、A面の鎖の下から針を入れ、B面の糸を表側に引き出します。立ち上がりの鎖3目を編みます。

3 針に糸をかけ、A面は束にB面は長編みの頭に針を入れて長編みを編みます。

4 長編みを3目編みました。続けて鎖2目を編み、A面の鎖編みの空間に束に細編みを編みます。

5 鎖7目を編み、糸をかけてA面の玉編みの頭と、B面の長編みの頭に針を入れて中長編み（P91）を編みます。

6 2枚を重ねて記号図のように編み進めます。編み終わりは編み始めの立ち上がりの鎖3目めに引き抜きます。

表側

裏側

縁の2段め

7 長編みの頭、次の長編みと長編みの目と目の間に針を入れて引き抜き編みをし、編み始め位置を移動します。

8 立ち上がりの鎖3目を編んで、7と同じ前段の長編みの目と目の間に長編みを2目編みます。記号図のように編み進めます。

9 段の編み終わりの引き抜きで糸を替えます。立ち上がりの鎖3目めに針を入れ、編んでいた糸を針にかけ、新しい糸を引き出します。

19

【縁の3段め】

10 ストロングレッドの糸が針にかかり、編み糸が替わりました。

11 前段の長編みの頭に引き抜き編みをし、立ち上がり位置を移動します。

12 編み終わりは編み始めの細編みの頭に引き抜きます。続けて提げひもを編みます。

【提げひも】

13 鎖20目を編み、9段めの編み終わりの細編みの頭に針を入れて糸をかけて引き抜きます。

14 鎖編みがループ状につながりました。

15 立ち上がりの鎖を1目編み、鎖編みのループを束に拾って細編みを編みます。

16 鎖編みのループに細編み28目を編み入れます。

17 縁の3段めの編み始めの細編みの頭に針を入れて糸をかけて引き抜きます。

18 もう一度針に糸をかけて引き抜いてから糸を切り、糸端を引き抜きます。

19 糸端は裏側で始末します。

20 提げひもが編めました。細編みが均等になるように形を整えて完成です。

ボタニカル模様のテーブルセンター

存在感のある大きめのパターンにチャレンジ。
空間の多い蜘蛛の巣状の鎖編部分と、
リーフと小花模様の組み合わせがモダンな雰囲気です。
糸●オリムパス エミーグランデ
編み方●54ページ

scene. 2

巻いてかけて、
コーディネートのアクセント

シンプルな装いに、レース編みの小物を合わせるだけで、
少しだけ特別感がプラスされたように感じませんか。
どれもやさしい技法を組み合わせたアイテムなので、
どんどんチャレンジしていきましょう。

パイナップル模様のヘアバンド

まずは小さな作品で、
憧れのパイナップル模様にトライしましょう。
スレッドコードで編んだひもを中央で蝶結びにすると
可愛いので、小さなつけ衿にしても素敵。

糸・中細コットン糸
編み方•53ページ

蝶の羽模様のストール

パイナップル模様を
対称に配置して編んだら、
まるで蝶が羽を広げたような
美しい模様が生まれました。
いつまでも少女の心を持った
大人の女性へ。

糸・合細リネン&コットン糸
編み方•56ページ

方眼レースのマフラー

方眼編みは長編みと鎖編みで構成する
模様を表現します。
見た目より簡単ですが、
四角を連ねて編んでいき
ジグザグシルエットにデザインしました。

糸・オリムパス エミーグランデ
編み方・25ページ

方眼レースのマフラーを編んでみよう

四角いモチーフを階段状にジグザグと、細長く編んでいきます。モチーフの枚数をアレンジして、好みの長さで仕上げましょう。

→ page 24

用意するもの

糸 オリムパス エミーグランデ ライトアンバー（814）50 g
レース針 0号

できあがりサイズ

長さ 約160cm（実測）

編み方ポイント

鎖の作り目をし、1段めは裏山を拾って編みます。前段が鎖目のときは束に、編み目のときは目の頭を拾って編み進めます。モチーフが1枚編めたら、引き抜き編みで戻って2枚めの作り目の鎖を編みます。戻りの引き抜き編みは、前段が鎖目の場合も目を割って編みます。

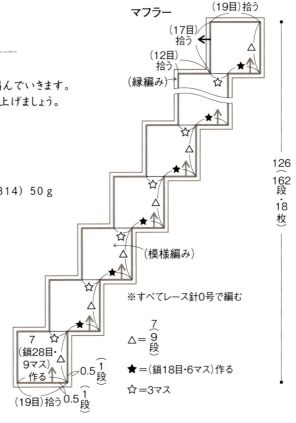

【モチーフ1枚め】

1 1枚めのモチーフが編めました。長編み・細編みとも前段が鎖目のところは束に拾って編みます。

戻りの引き抜き編み

2 鎖1目を編み、編み地を返して持ち替えます。

3 前段の長編みの頭の糸2本に針を入れます。

4 針に糸をかけて引き抜きます。

5 長編みは頭の糸2本を、鎖は裏山を拾って引き抜き編みをします。

6 編み終わりは前段の立ち上がりの鎖3目めの半目と裏山に針を入れて引き抜きます。

【モチーフ2枚め】

7 続けてモチーフ2枚めの作り目の鎖18目を編み、編み地を返して持ち替えます。

8 2枚めのモチーフも、作り目の鎖の裏山を拾って編みます。

9 1枚めのモチーフの端です。針に糸をかけ、立ち上がりの鎖3目めの半目と裏山(引き抜き編みが編まれている)に長編みを編みます。

10 鎖2目を編み、針に糸をかけて長編みの頭2本と引き抜き編みに針を入れて長編みを編みます。

11 1枚めのモチーフに続けて2枚めのモチーフを編みます。

12 7の作り目から6マス、モチーフから3マス拾い、2枚めのモチーフの1段めが編めました。記号図のように編み進めます。

13 2枚めのモチーフが編めました。3枚め以降も同様に編み進めます。

【縁編み】段と鎖からは束に、長編みからは編み目の頭2本を拾います

18枚のモチーフがつながって編めました。

段からの拾い

1 編み終わりから糸を続けて縁編みを編みます。立ち上がりの鎖1目を編み、矢印のように束に針を入れます。

2 モチーフの段の目を束に拾って「細編み2目・鎖3目の引き抜きピコット(P94)」をくり返します。

内かど

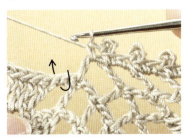

3 段から束に、鎖編み(引き抜き編みが編まれている)からも束に、それぞれ細編みを1目編みます。

目からの拾い

4 長編みの頭2本と引き抜き編みに細編みを1目編み、鎖3目の引き抜きピコットを編みます。

5 長編みは頭の糸2本と引き抜き編みに、鎖編みは束に針を入れ、記号図のように編み進めます。

外かど

6 外かどの端の細編みにピコットを編みます。続けて長編みの段を束に拾って編みます。

木の葉模様のミニケープ

編み終わりにビーズを編み入れた小さなケープが、
肩先を美しく飾ります。
濃い色のトップスを合わせると
美しいレリーフ模様がより浮き上がって見えます。

糸・オリムパス エミーグランデ〈ビジュー〉
編み方・58ページ

木の葉模様のつけ衿

28ページのミニケープの模様を取り出して、
衿にアレンジしました。
小さな編みボタンをつけていますが、
お好みで市販のボタンやリボンにしても可愛いですね。

糸●オリムパス エミーグランデ
編み方●60ページ

フリルのカフス

たっぷりフリルがロマチックなカフスで、
お姫さま気分を楽しみましょう。
袖口は表引き上げと裏引き上げ編みを交互に編んで、
フィット感のある仕上がりに。

糸・オリムパス エミーグランデ
編み方•57ページ

小花模様のつけ衿とカフス

鎖編みの小さなネット模様が、清楚で可憐な小花のようです。
つけ衿は首にピタリと添わせたデザインにしています。
カフスは自分のサイズでボタンをとめる位置を調整してくださいね。

糸・オリムパス エミーグランデ
編み方・61ページ

scene 3
とっておきの クロッシェウエア

レース模様のクロッシェウエアって
とても手が込んでいるように見えませんか。
基本のパターンをひたすらくり返して編むので、
もしかしたら小物よりやさしく
編めるかもしれませんよ。

レーシープルオーバー

上下の模様をずらして交互に配置することで、より凝ったパターンに見えます。
四角く編んだだけですが、着ると自然にフレンチスリーブのようになります。

糸•オリムパス エミーグランデ
編み方•62ページ

ブレードフリルのプルオーバー

ベースもパイナップル模様、前後身頃にあしらったブレードのフリルもパイナップル模様。
ちょっとハードル高め？ 編み図のとおりに落ち着いて編めば大丈夫！

糸・オリムパス エミーグランデ
編み方・64ページ

ラダーリボン模様のプルオーバーとシェル編みのつけ衿

プルオーバーは方眼編みの縞で前後身頃を続けて横編みにしたユニークなデザイン。
アクセントカラーで編んだつけ衿を合わせて、
さり気ないセットアップ使いを楽しんで。

糸•オリムパス エミーグランデ
編み方•プルオーバー 70ページ、つけ衿 72ページ

チュニックワンピース

モダンな柄のレース模様、
ヨーク下から広がるたっぷりとしたギャザー、
サイドには深いスリットを入れて、
誰にでも着やすいデザインにこだわりました。

糸•オリムパス エミーグランデ
編み方•74ページ

scene 4

いくつも編みたくなる
バッグ&ポーチ

かばんの中からチラリと見える手編みのポーチ、
さり気なく自慢したいモチーフバッグ!
少しずつレベルアップしたかなと感じたら、
チャレンジしたいアイテムです。
クロッシェバッグには裏地をつけて、
しっかり実用的に仕上げましょう。

まんまる巾着

17ページのポットホルダーを大きく編んで、
巾着にアレンジ。内と外の色を入れ替えた2バージョン。
しっかりと厚みのある仕上がりで、
広げてかごのようにも使えます。

糸•オリムパス エミーグランデ
編み方•78ページ

ビーズ飾りのがま口ポーチ

昔、おばあちゃんが持っていたような、
クラシックながま口ポーチはいかがでしょう。
黒に金色のビーズを編み入れて、
お揃いのチャームも忘れずに。

糸・オリムパス エミーグランデ〈ビジュー〉
編み方・73ページ

point lesson

ビーズの編み入れ方 細編み

まず編み糸に必要な個数のビーズを通して（P16）から編み始めます。ビーズは編み地の向こう側に出るので、裏を表にして仕上げます。

1 ビーズを編み入れる目の手前まで編めました。前段の目に針を入れて糸をかけて引き出します。

2 ビーズを編み目の際へ寄せ、針に糸をかけて引き抜きます。

3 細編みにビーズを編み入れました。ビーズは編み地の向こう側に出ます。

バラ模様のバッグ

小学生の頃、母が手作りしてくれた刺繍のバッグをイメージして、
クロスステッチのバラを方眼編みにしました。
まるでレリーフのように、バラ模様が美しく際立ちます。

糸・オリムパス エミーグランデ
編み方・40、80ページ

花束みたいなバッグ

立体の花モチーフをいっぱいつないだハッピーな雰囲気のバッグ。
モチーフを多色で編んだら、
お花畑みたいで可愛いらしさが倍増しそう。

糸•中細リネン&コットン糸
編み方•41,82ページ

バッグの持ち手 まとめ方

P38 バラ模様のバッグの入れ口に編んだ縁編みのループと、細編みのベルトをつなぎます。

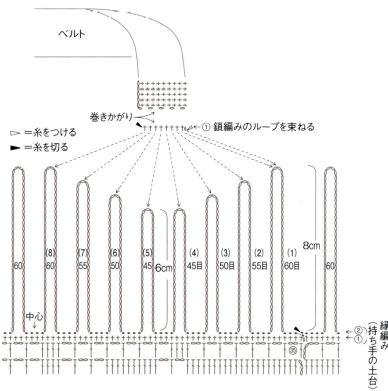

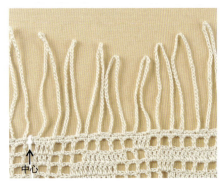

入れ口に縁編み（持ち手の土台）が編めました。

※わかりやすいように糸の色を変えています

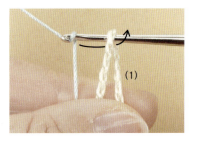

1 (1)60目のループに束に針を入れて糸を引き出し、糸をつけます。

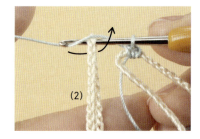

2 (1)のループに立ち上がりの鎖1目と細編みを編み、(2)のループに針を入れて細編みを編みます。

3 (1)～(8)のループに1目ずつ細編みを編んで束ねます。糸端は20cm程残して切ります。

4 ベルトと束ねたループを表側を突き合わせて持ちます。とじ針に3の糸端を通して、まずベルトの1段目に針を入れます。次にループの細編みの頭2本、ベルトの1目内側に通します。

5 ループの細編みの頭2本とベルトの1目内側にとじ針を入れて巻きかがりでつないでいきます。

6 細編みのベルトと束ねたループがつながりました。裏側で糸始末をします。

point lesson

お花の立体モチーフ 編み方・つなぎ方

P39 花束みたいなバッグの立体モチーフを
編んでみましょう。
モチーフAは花びらの先でつなぎます。
最後に、つないだモチーフAの空間を
小さなモチーフBで埋めていきます。

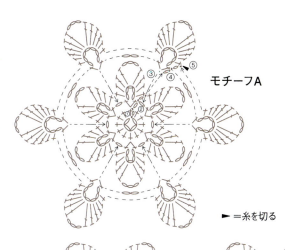

モチーフA

► =糸を切る

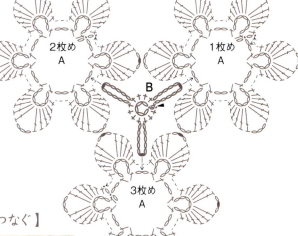

【モチーフA】

4段め

1 立ち上がりの鎖1目を編み、前段の花びらを手前に倒して前々段の鎖を束に拾って編み進めます。

2 4段めが編めました。モチーフの裏側です。4段めは前段の花びらに隠れて見えません。

5段め

3 4段めの鎖を束に拾って編み進めます。

【モチーフAをつなぐ】

1 花びらの先端の鎖を引き抜きに替えて隣のモチーフにつなぎます。1枚めのモチーフの空間に針を入れて引き抜きます。

2 2枚めのモチーフを編みながら、先に編んだモチーフにつながりました。

【モチーフB】 ※わかりやすいように糸の色を変えています

1 鎖5目の輪を作り(P13)立ち上がりの鎖1目・細編み1目・鎖5目まで編み、モチーフAの5段めを手前に倒して、4段めの鎖に束に針を入れます。

2 糸をかけて引き抜きます。記号図のように編み進め、鎖編み先端の引き抜き編みでモチーフAにつないでいきます。

3 モチーフBが編めました(裏側)。モチーフAをつないだ空間を埋めていきます。

scene 5
糸のお片付けに最適!
小さなレース編み

ウエアやバッグの残り糸を使って、キュートなチャームやアクセサリーにしてみませんか?
小さなパーツの集合なので、いろんな色や素材を混ぜて使っても可愛くまとまります。
ありものでOK! 今の気分や好みで、個性を発揮しましょう。

ブーケのコサージュと
葡萄のブローチ

ナチュラルな色合いでまとめていますが、
パステルカラーやモノトーンに変えたら、まるで違った印象で楽しめます。

糸•ブーケ オリムパス エミーグランデ、葡萄 中細コットン糸
編み方•ブーケ 45,86ページ、葡萄 87ページ

ロマンチックなラリエット

小花のモチーフを散らしたブレードに、
パールビーズをつけた鎖編みのひもを添えて二重にしました。
編みひもは自然にくるくると、ツルのように編みあがります。

糸・オリムパス エミーグランデ
編み方●84ページ

木の実とお花のチャーム

簡単なモチーフは、色違いでいくつも作りたくなります。
組み合わせ次第でいろいろ応用できるので、プレゼントにもおすすめ。

糸・オリムパス エミーグランデ
編み方●45,88ページ

チャーミングなストラップ

モチーフにビーズをつけたり、綿を詰めてふっくらさせてみたり、
小さなものほど少しの工夫で完成度もグッとアップします。

糸・オリムパス エミーグランデ
編み方●85ページ

point lesson　木の実と巻きバラの仕上げ方

立体モチーフのできあがりの可愛さは、仕上げが大事！
ポイントとコツを写真プロセスでチェックしましょう。

【綿の詰め方】P44 木の実のチャームの編み玉(木の実)に綿を詰めて仕上げます

1 最終段(減目の段)の1段手前で一旦編み針をはずし、好みの固さに綿を詰めます。

2 最終段を編んだら20cm程糸端を残して切り、編み針にかかるループを引きます。とじ針に糸端を通します(P10)。

3 細編みの頭の外側半目に針を一周くぐらせて引きしぼります。糸端はモチーフの中に入れて始末します。

【巻きバラ】P42 ブーケのコサージュの巻きバラの仕上げです。花びらを編んだ糸端を使ってまとめていきます

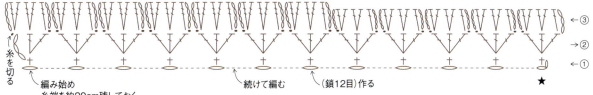

1 記号図のように花びらとがく(P86)を編みます。花びらは記号図のように編むと自然に丸まります。

2 花びらは★側からくるくると巻いていきます。

3 バラの花をイメージしながら形を整えていきましょう。

縁の2段め

4 巻き終わりました。花の形が崩れないように作り目側を押さえます。

5 とじ針に編み始めの糸端を通して、内側の花びらまでしっかりと縫います。

6 花びらの作り目側にがくを外表に当てて、しっかりと縫いとめます。

フリルのシュシュ

二段重ねのフリルと揺れる玉飾りが、
とってもチャーミング。
市販のヘアゴムに直接編みつけるので、
なるべく丈夫なものを選びましょう。

糸・オリムパス エミーグランデ
編み方・47ページ

フリルのシュシュを編んでみよう

市販のヘアゴムを細編みで編みくるんで、フリルを編みつける土台にします。
フリルを編むときは、細編みからの拾い目位置に注意しましょう。

ヘアゴムを細編みで編みくるむ

1 レース針に最初の目（ループ）を作ります（P90）。

2 いったん針をはずして、ヘアゴムの輪に編み目をくぐらせたら針を戻します。糸をかけて引き抜き、鎖を編みます。

3 輪に針を入れて糸を引き出し、細編みを編みます。立ち上がりの鎖1目、細編み1目が編めました。

→ page 46

用意するもの

糸 オリムパス エミーグランデ ライトアンバー（814）16g、
　　フロスティホワイト（851）9g
　　直径6cmのヘアゴム、手芸用綿少々
レース針 0号

できあがりサイズ

直径13cm

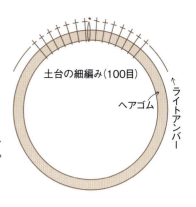

編み方ポイント

1段めはヘアゴムを直接編みくるんで、土台の細編みを編んでいきます。模様編みA、Bの順で編み進めますが、A・Bとも1段めの細編みの頭を1本ずつ拾って編みます。飾りひもは鎖40目を編んで指定の位置につけて結び、ひもの先にポンポンをつけて仕上げます（P85）。

【模様編みA】

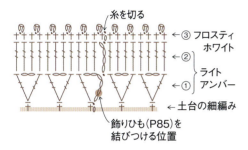

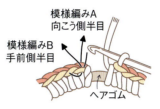

模様編みAは土台の細編みの頭の向こう側半目を、模様編みBは手前側半目を拾って編んでいきます。

4 ヘアゴムに土台の細編み100目を編みました。編み始めの細編みの頭の向こう側半目に針を入れて引き抜きます。

5 立ち上がりの鎖4目・鎖2目を編み、針に糸を2回かけて4で引き抜いた目に針を入れます。

6 長々編み（P91）が編めました。記号図のように模様編みAを3段編みます。

7 土台の細編みの向こう側半目を拾って、模様編みAが編めました。

【模様編みB】

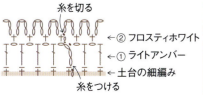

※わかりやすいように糸の色を変えています

8 土台の細編みの頭の手前側半目に針を入れ、新しい糸をかけて引き出します。

9 立ち上がりの鎖3目・鎖1目を編み、次の目に長編みを編みました。記号図のように模様編みBを2段編みます。

How to make

作品の編み方

- 図中の数字の単位はcmです。
- 糸の使用量は手加減によって変わることがあります。
  心配な場合は糸を多めにご用意いただくことをおすすめします。

かぎ針編みの基礎 index

輪の作り目 … 7	長編み目 … 91
モチーフの編み終わり … 9	長々編み目 … 91
糸始末 … 9	細編みのうね編み目 … 91
糸端をとじ針に通す … 10	Y字編み目 … 92
モチーフのつなぎ方 … 10,95	長編み3目の玉編み目 … 92
鎖編みを輪にする作り目 … 13	変わり中長編み3目の玉編み目 … 92
ビーズに糸を通す … 16	長編み5目のパプコーン編み目 … 92
ビーズの編み入れ方　鎖編み … 16	細編み2目一度 … 93
ビーズの編み入れ方　細編み … 37	細編み3目一度 … 93
綿の詰め方 … 45	長編み2目一度 … 93
長編みの表引き上げ編み目 … 57	細編み2目編み入れる … 93
長編みの裏引き上げ編み目 … 57	細編み3目編み入れる … 93
木の実の編み方 … 89	長編み2目編み入れる … 94
最初の目 … 90	鎖3目の引き抜きピコット … 94
鎖編み目 … 90	スレッドコード … 94
作り目の拾い … 90	二重鎖編み … 95
引き抜き編み目 … 90	編み終わりの目の拾い方 … 95
細編み目 … 91	引き抜きの鎖とじ … 95
中長編み目 … 91	巻きはぎ・巻きとじ … 95

使用素材一覧　　記載の情報を参考に糸選びをしてください

オリムパス エミーグランデ
綿100%　50g玉巻・約218m　レース針0号〜かぎ針2/0号

オリムパス エミーグランデ〈ビジュー〉
綿97% ポリエステル3%　25g玉巻・約110m　レース針0号〜かぎ針2/0号

合細リネン&コットン糸
麻(リネン)50% 綿50%　25g玉巻・約122m　レース針0号〜かぎ針2/0号

中細リネン&コットン糸
麻(リネン)50% 綿50%　25g玉巻・約78m　かぎ針3/0号〜4/0号

中細コットン糸
綿100%　40g玉巻・約170m　かぎ針3/0号〜4/0号

便利な「糸データベース」はコチラ
https://amimono.me/database/index.html

南十字星のモチーフのサシェとドイリー
→ page 5

用意するもの
【糸】オリムパス エミーグランデ 生成り(804)
サシェ：6g ドイリー：12g
【その他】 サシェ：4mm幅のサテンリボン 茶色 44cm、ポプリ、オーガンジー 白20cm×20cm
【レース針】0号

できあがりサイズ
サシェ：9.5cm×9.5cm ドイリー：19cm×19cm

モチーフの大きさ
9.5cm×9.5cm

編み方ポイント
南十字星のモチーフはP7〜10を参照して編みます。
サシェ：モチーフを2枚編みます。オーガンジーで6.5cm×6.5cmの袋を作りポプリを包みます。モチーフを外表に合わせ、一辺を残して編み目にリボンを通してポプリ袋を入れます。最後の辺にリボンを通したら、モチーフのかどで蝶結びにします。
ドイリー：モチーフを1枚編みます。2枚めから最終段で隣のモチーフにつなぎながら編みます。

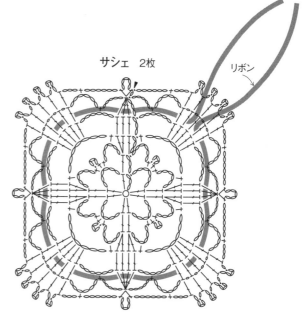

サシェ 2枚
リボン

※2枚のモチーフを外表に合わせた
中にポプリ袋を狭み、まわりに
リボンを通して袋状にする

▶＝糸を切る

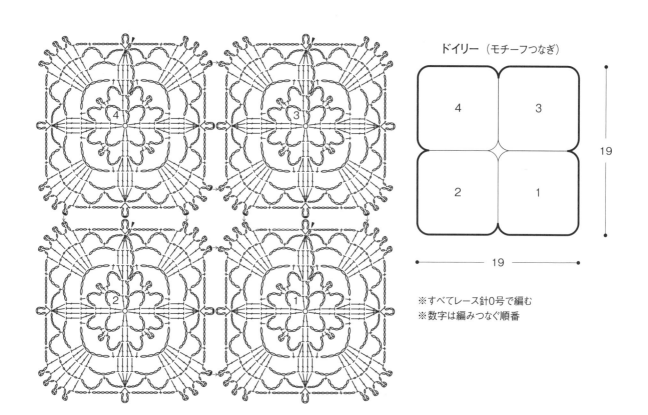

ドイリー（モチーフつなぎ）

| 4 | 3 |
| 2 | 1 |

19 × 19

※すべてレース針0号で編む
※数字は編みつなぐ順番

南十字星のモチーフでビスチェ
→ Page 11

用意するもの
【糸】オリムパス エミーグランデ オリーブブラウン (844) 130g
【レース針】0号

できあがりサイズ
胸囲95cm 丈43cm

モチーフの大きさ
9.5cm×9.5cm

編み方ポイント
南十字星のモチーフはP7〜10を参照して編みますが、最終段のかどの鎖の目数が違うので注意します。モチーフを1枚編み、2枚めからは最終段でつなぎながら編みます。編み図のつなぐ順番と記号図の引き抜き位置を参照して仕上げます。

モチーフ 36枚

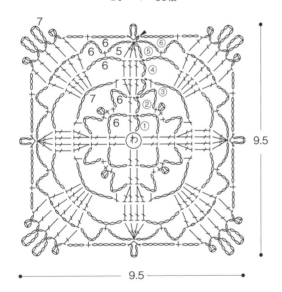

9.5

9.5

➤ =糸を切る

ビスチェ (モチーフつなぎ)

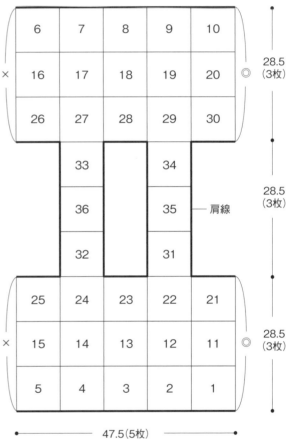

47.5(5枚)

※すべてレース針0号で編む
※数字は編みつなぐ順番
※合印同士を編みつなぐ

風車模様のジャグカバー

→ Page 12

用意するもの

【糸】 オリムパス エミーグランデ ライトグリーン (252) 11g
【その他】 ドロップビーズ（3.4mm）透明黄緑48個、透明オレンジ色16個、トライアングルビーズ（5mm）透明16個、Eビーズ（5mm）オレンジ色8個
【レース針】 0号

できあがりサイズ

直径21cm

編み方ポイント

鎖8目の作り目から6段めまではP13～15、ビーズの通し方、編み入れ方はP16を参照します。
ビーズを入れずに6段めまで編み、糸を切ります。7段めは編み地を裏へ返し、新しくビーズを通した糸をつけて指定位置にビーズを入れながら編みます。8段めは編み地を表に、9段めは裏に持ち替えて指定位置にビーズを入れながら編みます。

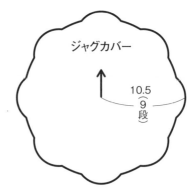

※すべてレース針0号で編む

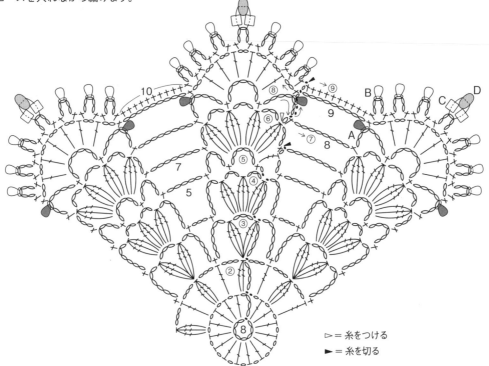

▷＝糸をつける
▶＝糸を切る

D 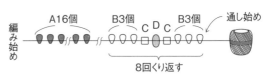 ＝Eビーズ　5mm（オレンジ色）8個
C ＝トライアングルビーズ　5mm（透明）16個
B ＝ドロップビーズ　3.4mm（黄緑）48個
A ＝ドロップビーズ　3.4mm（オレンジ色）16個

ビーズの通し方

パイナップル模様のヘアバンド
→ page 22

用意するもの
【糸】中細コットン糸　ベージュ 10g
【かぎ針】2/0号

できあがりサイズ
幅6cm

編み方ポイント
編み始めの糸端を20cm程残して鎖の作り目をし、鎖の半目と裏山を拾って編み始めます。図を参照して長編みと模様編みで編みます。編み終わりの糸端は20cm程残して糸を切ります。編み始めと編み終わりの糸端でひも通し位置を二つ折りにしてかがります。スレッドコード（P94）を編み、ひも通し位置に通して結びます。

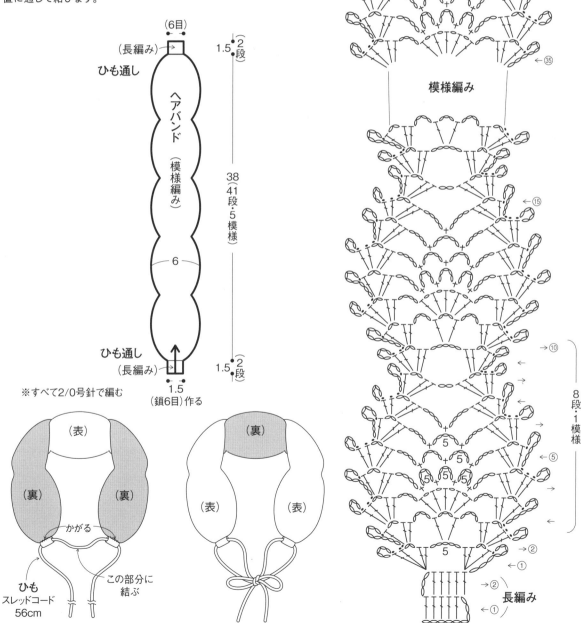

ボタニカル模様のテーブルセンター
→ page 21

用意するもの
【糸】オリムパス エミーグランデ 生成り (804) 60g
【レース針】0号

できあがりサイズ
直径45cm

編み方ポイント
鎖8目を輪にして編み始め（P13）、図を参照して編みます。

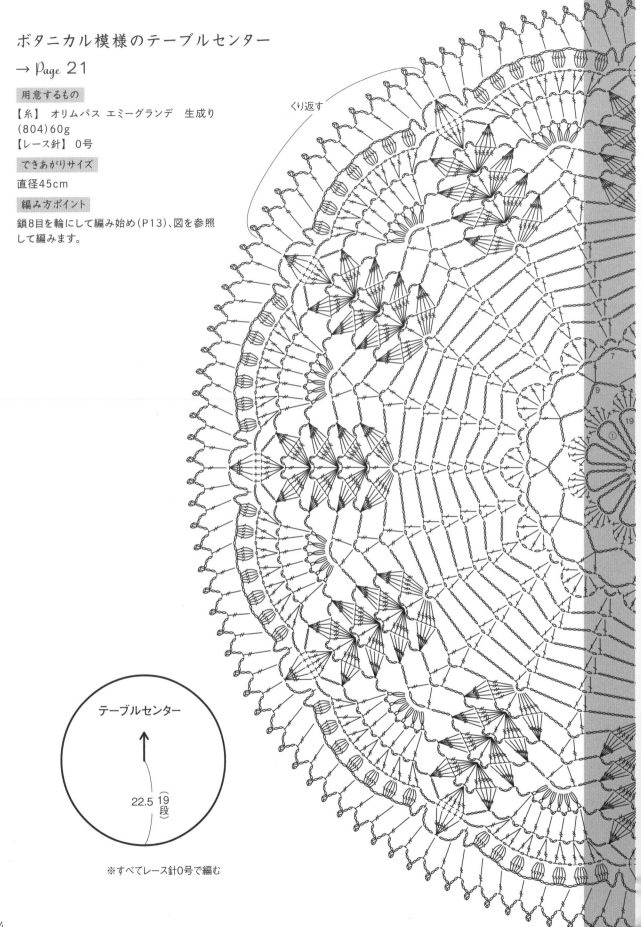

テーブルセンター
22.5 19段

※すべてレース針0号で編む

蝶の羽模様のストール
→ page 23

用意するもの
【糸】合細リネン&コットン糸
灰味ベージュ 52g
【レース針】0号

できあがりサイズ
幅15cm 長さ108cm

編み方ポイント
ストールの中央で鎖の作り目をし、1段めは鎖の裏山を拾って編み始めます。2段め以降は前段の鎖編みを束に拾って編みますが、鎖の半目と裏山を拾って長編みを2目編み入れる箇所があるので記号図に注意します。51〜56段め(P58)は模様を左右に分けて編みます。反対側は作り目の鎖目2本を拾い、同様に編みます。

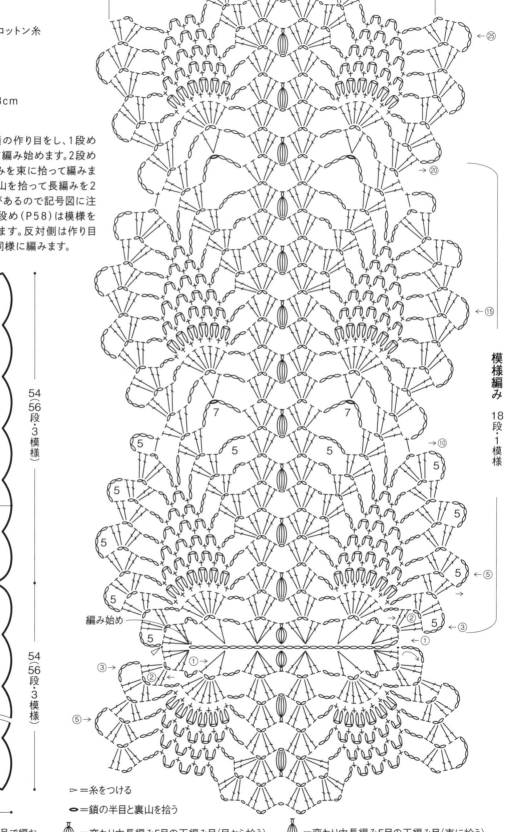

※すべてレース針0号で編む

▷ = 糸をつける
● = 鎖の半目と裏山を拾う
= 変わり中長編み5目の玉編み目(目から拾う)
= 変わり中長編み5目の玉編み目(束に拾う)

フリルのカフス → page 30

用意するもの
【糸】オリムパス エミーグランデ フロスティホワイト(851) 52g
【レース針】0号

できあがりサイズ
長さ16.5cm 手首まわり20cm

ゲージ
模様編みB 10cmで28目、8.5cmで15段

編み方ポイント
鎖の作り目を輪にし、鎖の半目と裏山を拾って模様編みAで編み始めます。模様編みAは風車模様のドイリーの3〜9段め(P14〜15参照)と同様に編み広げます。模様編みBの1段めは、作り目の鎖を束に拾って長編みを編み、編み始めの立ち上がりに引き抜いて輪にします。2段めからは「表引き上げ編み1・裏引き上げ編み1」をくり返して15段編みます。

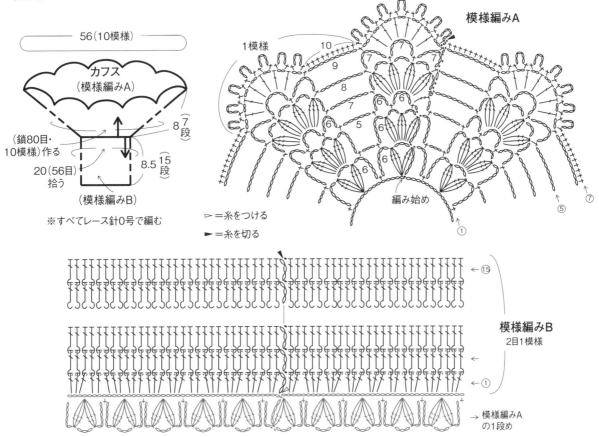

長編みの表引き上げ編み目

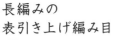   

1 かぎ針に糸をかけ、編み地の手前から矢印のように針を入れます。
2 糸を長めに引き出し、糸をかけて針先の2本を引き抜きます。
3 もう一度糸をかけて残りの2本を引き抜きます。
4 長編みの表引き上げ編み目が編めました。

長編みの裏引き上げ編み目

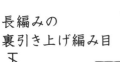   

1 かぎ針に糸をかけ、編み地の向こう側から矢印のように針を入れます。
2 糸を長めに引き出し、糸をかけて針先の2本を引き抜きます。
3 もう一度糸をかけて残りの2本を引き抜きます。
4 長編みの裏引き上げ編み目が編めました。

木の葉模様のミニケープ
→ Page 28

用意するもの
【糸】オリムパス エミーグランデ〈ビジュー〉
ベージュに金のラメ（L740）50g
【その他】特大ビーズ（5.5mm）金色72個、まが玉ビーズ（4mm）金色77個
【レース針】0号

できあがりサイズ
長さ17.5cm　外まわり126cm

編み方ポイント
衿ぐりで鎖の作り目の裏山を拾って編み始め、12段編んだら糸を切ります。特大ビーズを通した糸をつけ、模様編みの13段目、縁編みAとBの1段目を編んで糸を切ります。まが玉ビーズを通した糸をつけ、鎖編みのひもを編み、ビーズを寄せて引き抜き編み（鎖編みの裏山を拾う）で戻ります。続けて衿の縁編みBの2段目は細編みにビーズを入れながら編みます（P37参照）。最後に反対側のひもを同様に編みます。

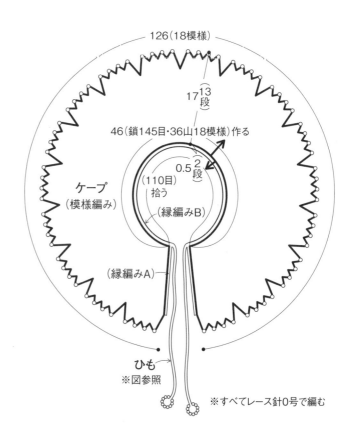

蝶の羽模様のストール
（P56の続き）

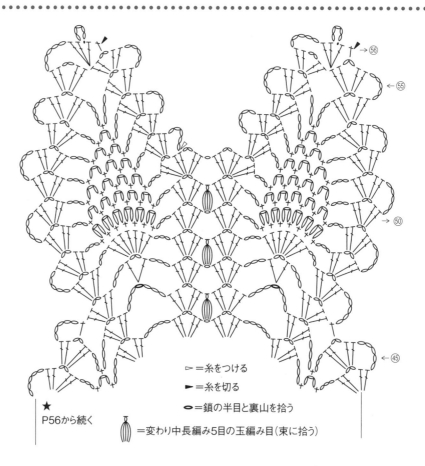

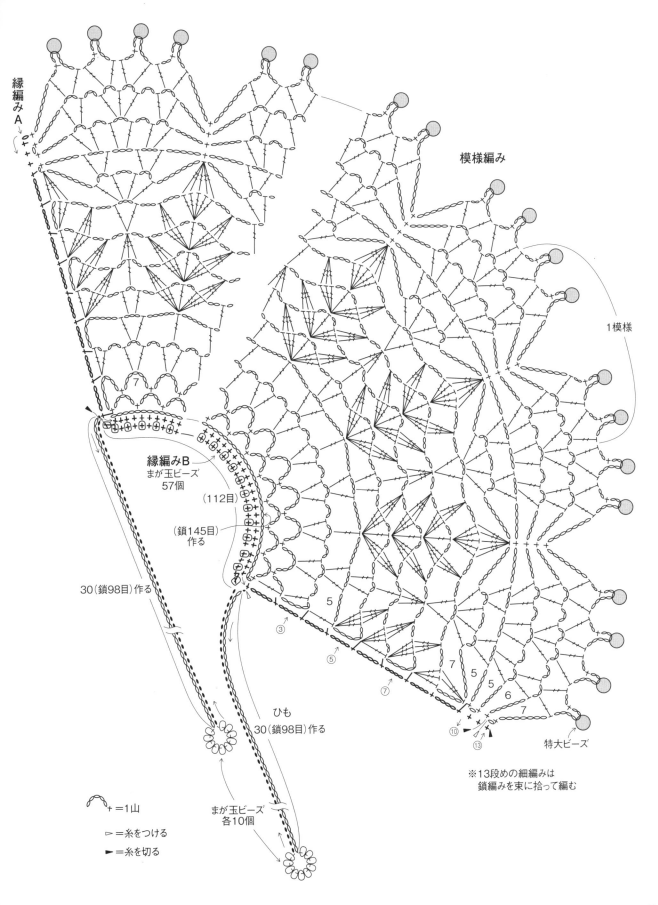

木の葉模様のつけ衿 → Page 29

用意するもの
【糸】オリムパス エミーグランデ 生成り(804) 22g
【レース針】0号

できあがりサイズ
長さ9cm 首まわり45cm

編み方ポイント
衿ぐりで鎖の作り目の裏山を拾って編み始めます。図を参照して7段編み、続けて衿の縁編みを編んで糸を切ります。ボタンを編み、指定の位置につけます。ボタンホールは縁編みの編み目の空間を利用します。

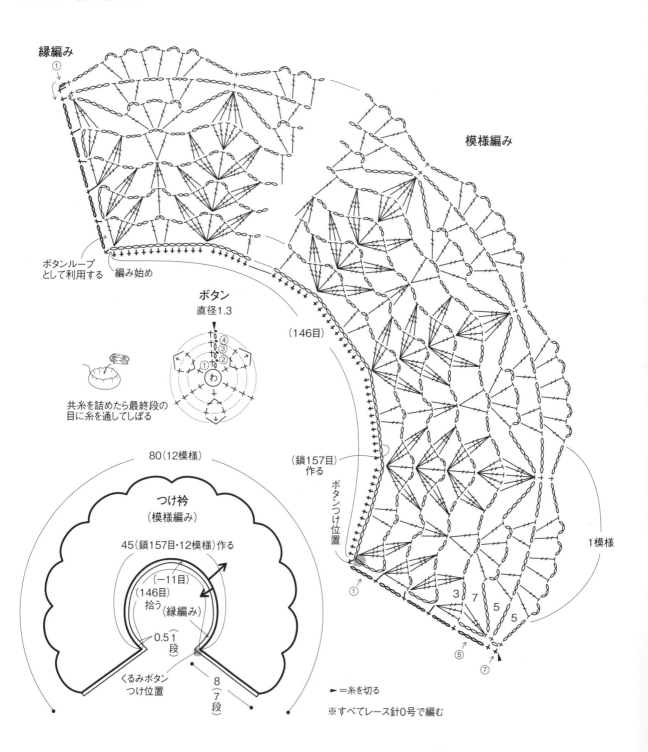

小花模様のつけ衿とカフス → page 31

用意するもの
【糸】オリムパス エミーグランデ 生成り(804)
つけ衿:13g カフス:13g
【その他】直径1cmボタン つけ衿:1個 カフス:6個
【レース針】0号

できあがりサイズ
つけ衿:長さ6.5cm 外まわり60cm
カフス:長さ7.5cm 手首まわり23.5cm

ゲージ
模様編み(カフス)1模様で約2.5cm

編み方ポイント
つけ衿:図を参照して1段めを編み、2段めは前段の鎖5目の細編みピコットを束に拾って編みます。図を参照して7段編みます。指定の位置にボタンをつけ、ボタンループは模様の編み目の空間を利用します。

カフス:図を参照して1段めを編みます。2段めは1段めの鎖5目の細編みピコットを束に拾います。図を参照して7段編みます。縁編みは1段めのピコットの空間を束に拾って編みます。指定の位置にボタンをつけ、ボタンホールは模様の編み目の空間を利用します。

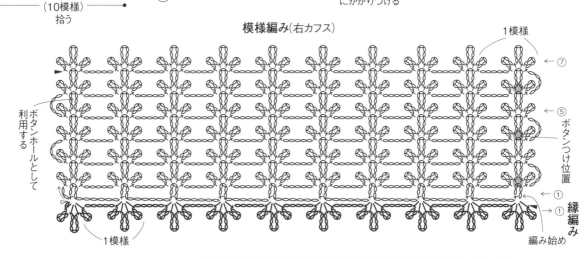

レーシープルオーバー
→ page 32

用意するもの
【糸】オリムパス エミーグランデ 生成り(804) 280g
【かぎ針】2/0号

できあがりサイズ
胸囲112cm 丈49.5cm ゆき丈30cm

ゲージ
模様編み 1模様が3.3cm、10cmで13段

編み方ポイント
身頃は鎖編みの作り目をして編み始め、衿あき側から模様編みで編みます。指定の位置から目を拾い、裾下側を模様編みで編みます。肩は引き抜きの鎖はぎ、脇は引き抜きの鎖とじにします。衿は縁編みA、袖口は縁編みBでそれぞれ輪に編みます。

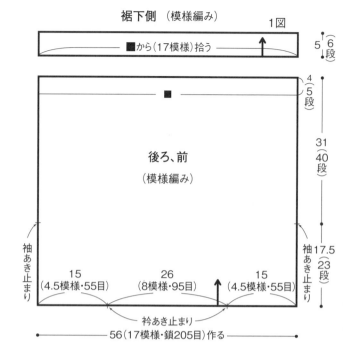

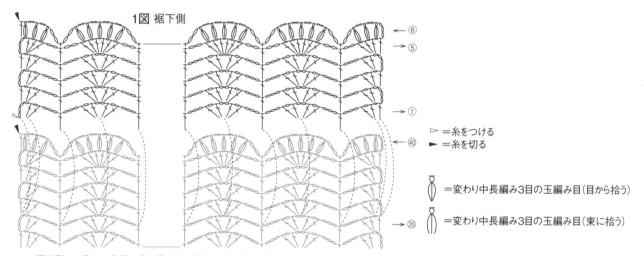

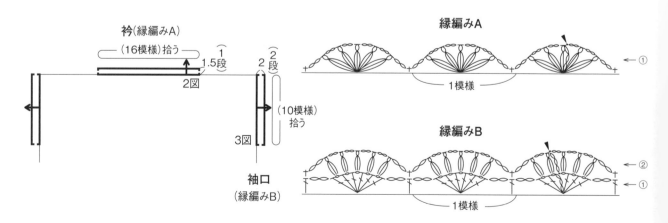

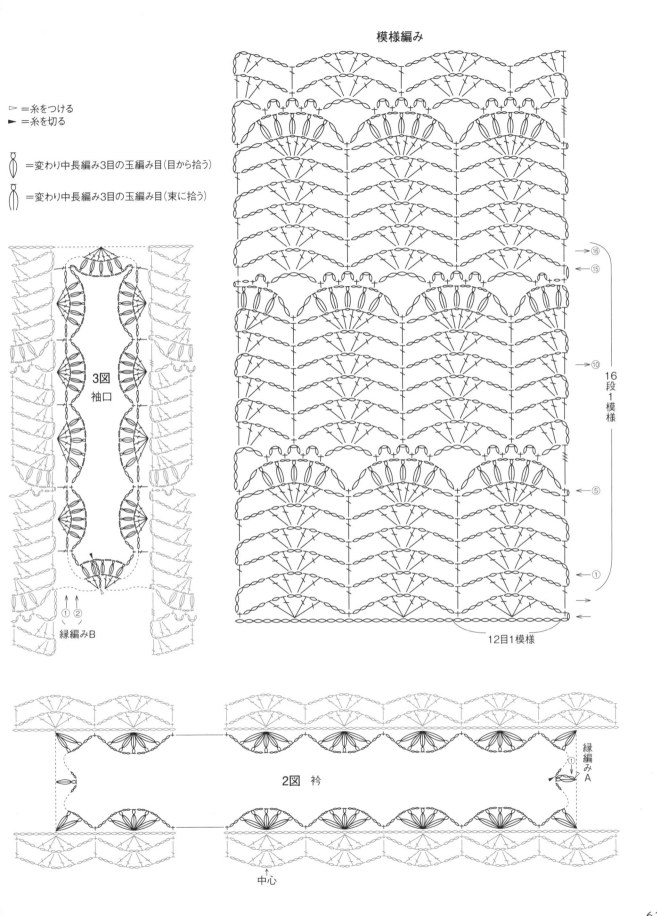

ブレードフリルのプルオーバー → page 33

用意するもの
【糸】 オリムパス エミーグランデ ネービーブルー（357）335g
【レース針】 0号

できあがりサイズ
胸囲108cm　丈53.5cm　ゆき丈36.5cm

ゲージ
模様編みA 1模様が3cm、10cmで15.5段。模様編みB、C 1模様が6.5cm、10cmで12.5段

編み方ポイント
身頃は鎖編みの作り目をして編み始め、模様編みAで編みます。増減目は図を参照します。袖、裾、ブレードA、Bは身頃と同様に編み始め、模様編みB、またはCで編みますが、後ろ袖、後ろブレードは最終段で前袖、前ブレードと編みつなぐので、図を参照して編みます。肩、袖下は引き抜きの鎖はぎ、脇は引き抜きの鎖とじ、裾脇は巻きはぎにします。衿は指定の目数を拾い、縁編みで輪に編みます。裾、袖、ブレードはまとめ方を参照して身頃につけます。

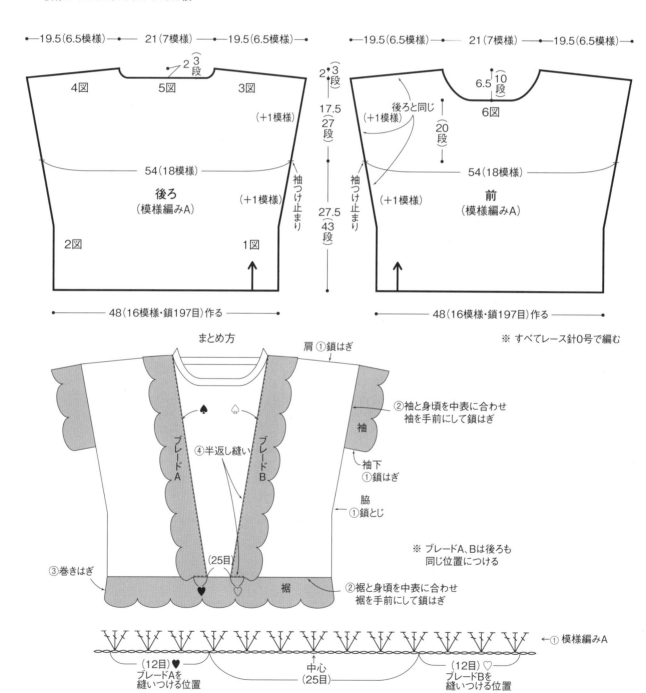

模様編みA

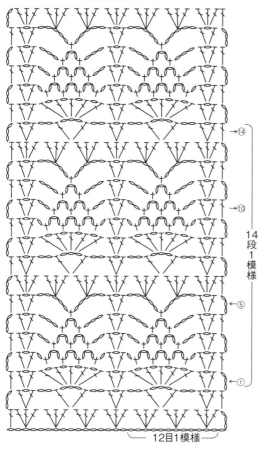

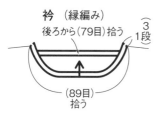

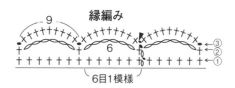

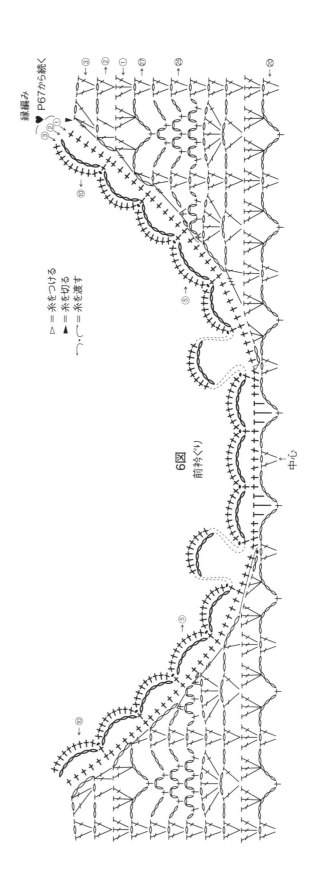

次ページへ続く

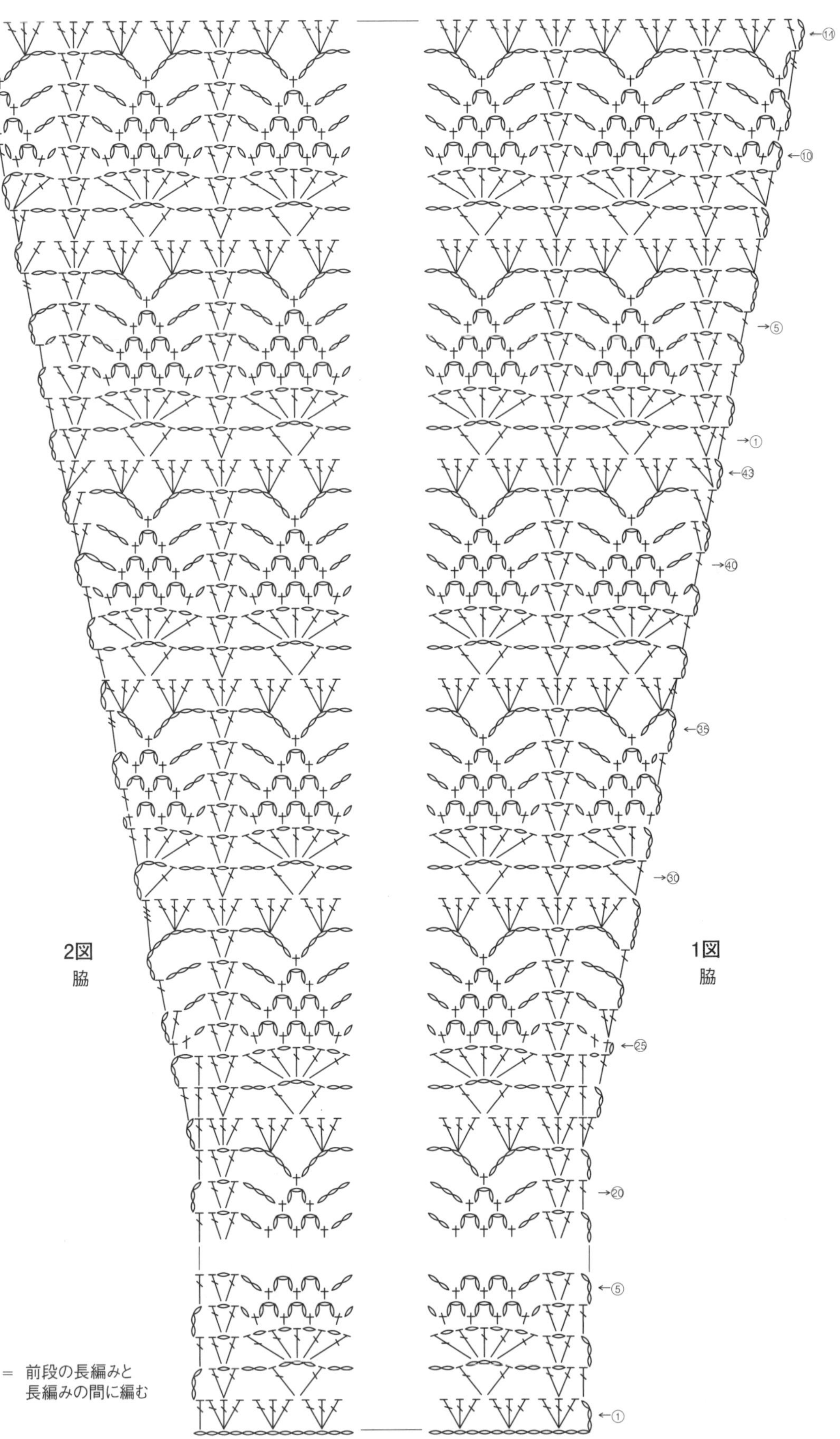

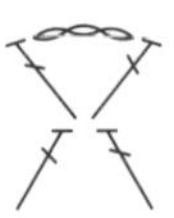

P67の
★に続く

2図
脇

1図
脇

←⑭
←⑩
→⑤
→①
←㊸
→㊵
←㉟
→㉚
←㉕
→⑳
←⑤
←①

= 前段の長編みと
長編みの間に編む

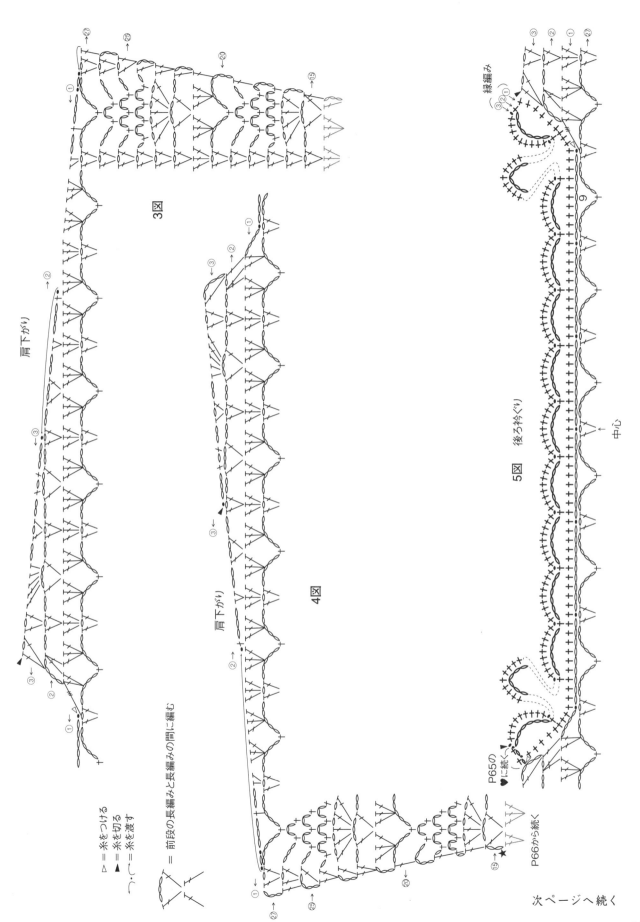

次ページへ続く

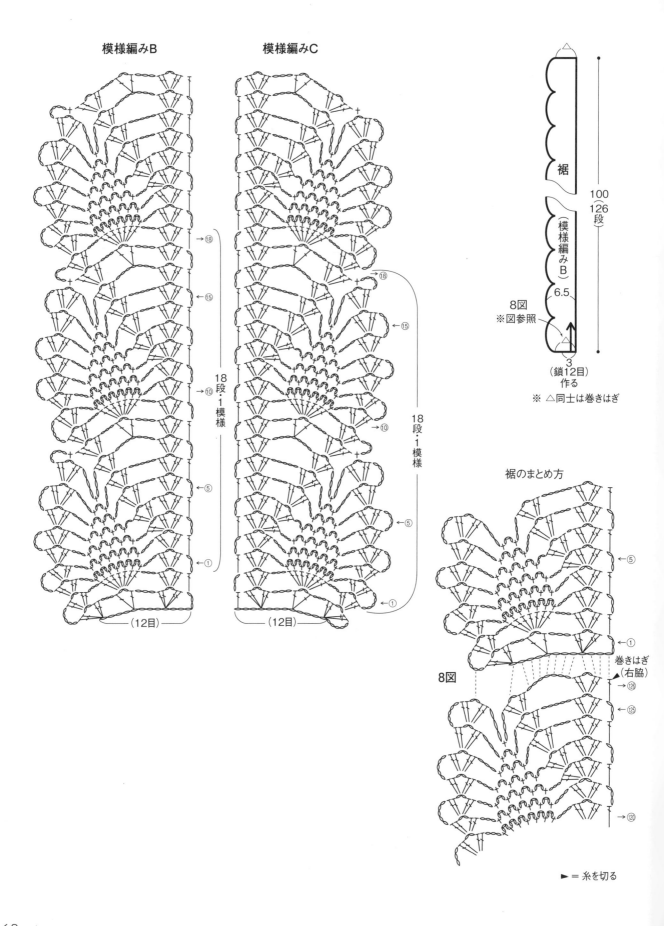

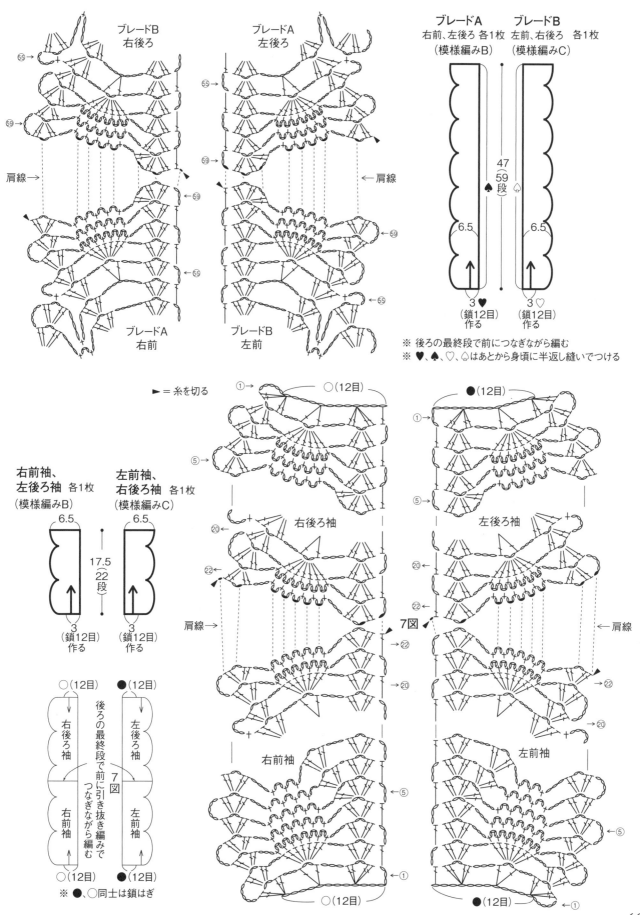

ラダーリボン模様のプルオーバー → page 34

用意するもの
【糸】オリムパス エミーグランデ シルバーホワイト（481）210g、ライトグレイ（485）40g
【かぎ針】2/0号

できあがりサイズ
胸囲104cm 丈49cm ゆき丈26.5cm

ゲージ
10cm平方で模様編み縞 40目・15段

編み方ポイント
鎖編みの作り目をして編み始め、前後を続けて模様編み縞で編みます。22段編んだら図を参照して前後を別々に編み、それぞれを35段編んだらまた続けて編みます。脇は巻きはぎにします。裾、衿ぐり、袖口は指定の目数を拾い、縁編み縞で輪に編みます。

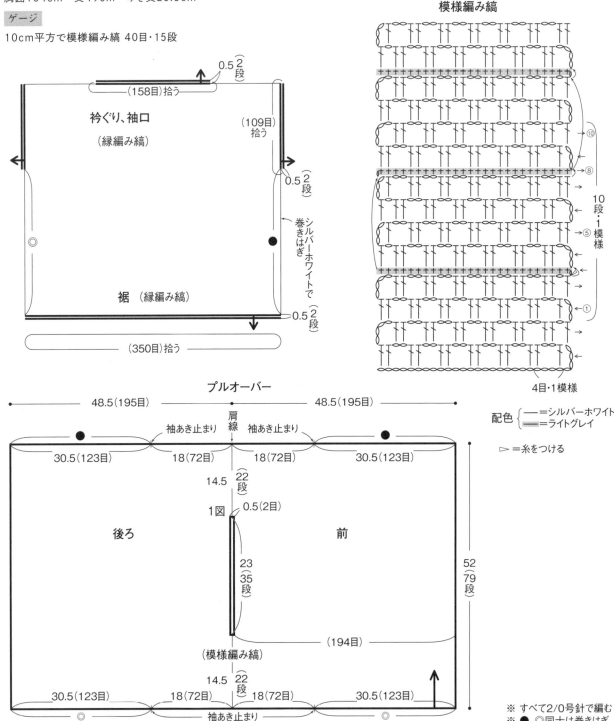

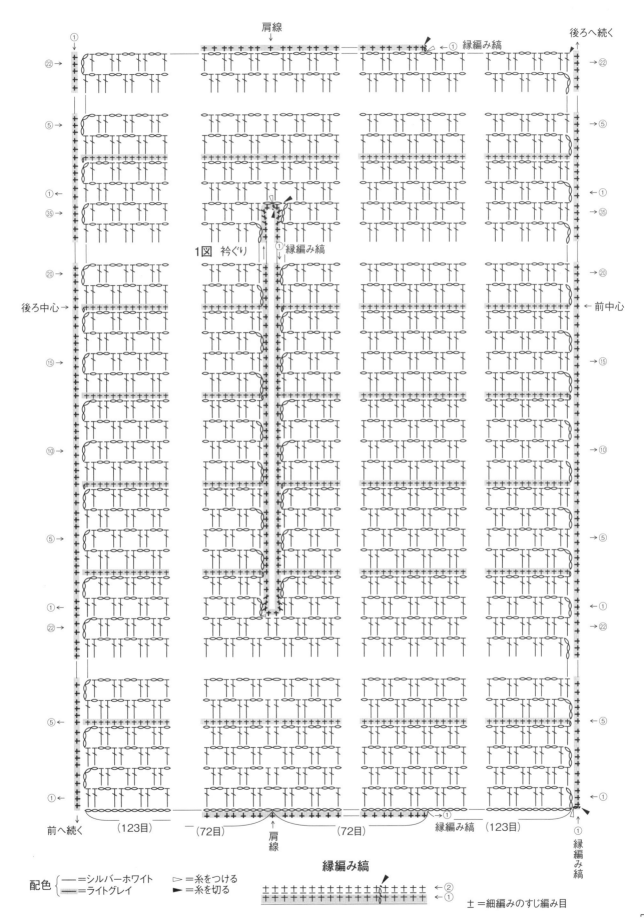

シェル編みのつけ衿
→ page 34

用意するもの
【糸】オリムパス エミーグランデ ライトグレイ (485) 30g
【かぎ針】2/0号

できあがりサイズ
長さ8cm 首まわり51cm

ゲージ
模様編み(編み始め側)1模様が1.7cm、7cmで7段

編み方ポイント
鎖編みの作り目をして編み始め、模様編みで7段編み、続けて縁編みを編んで糸を切ります。ボタンを編み、指定の位置につけます。ボタンホールは縁編みの編み目の空間を利用します。

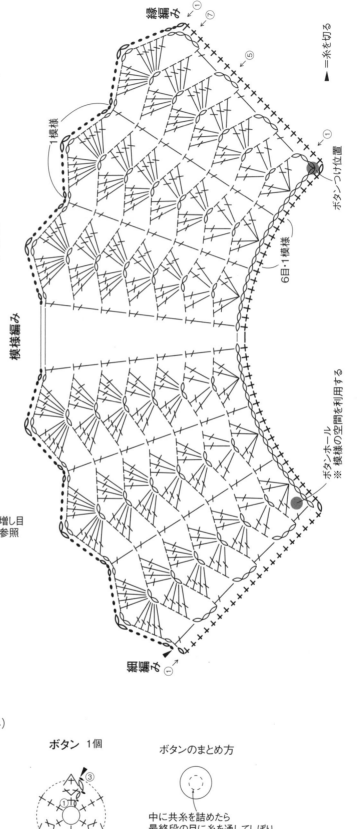

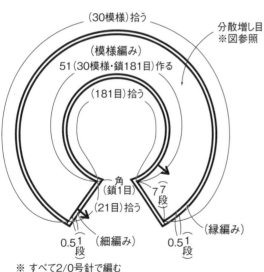

つけ衿
※ すべて2/0号針で編む

ボタン 1個

ボタンのまとめ方
中に共糸を詰めたら最終段の目に糸を通してしぼり、平らにして1段めを1周縫う

ビーズ飾りのがま口ポーチ
→ page 37

用意するもの
【糸】オリムパス エミーグランデ〈ビジュー〉
黒に金のラメ(L901) 25g
【その他】特大ビーズ(5mm)金294個、
口金(幅10.5cm×深さ5cm) 1個、紙ひも
【レース針】0号

できあがりサイズ
幅11cm　深さ12cm

ゲージ
10cm平方で細編み32.5目・36段

編み方ポイント
糸にビーズを通しておきます(P16)。底で鎖の作り目をし、まず半目と裏山を拾って細編みを編みます。続けて鎖の反対側の残りの半目を拾い、編み始めの1目めの細編みに引き抜いて輪にします。4段めからビーズを編み入れます(P37)。27段まで輪に編み、以降は片面ずつ往復に編んで糸を切ります。裏側を表にして口金をつけ、チャームをつけて仕上げます。

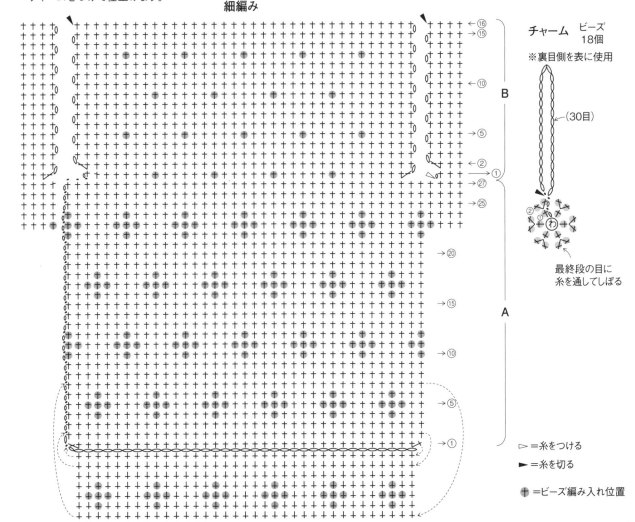

チュニックワンピース → page 35

用意するもの
【糸】 オリムパス エミーグランデ グレイッシュブラウン (736) 440g
【その他】 ゴムカタン 適宜
【かぎ針】 2/0号

できあがりサイズ
胸囲88cm 着丈79cm（ひも含まず）

ゲージ
10cm平方で模様編みA 32目・13段、B 35.5目・13段、C 35.5目・10.5段

編み方ポイント
後ろ〈上〉と前〈上〉は鎖編みの作り目をして編み始め、模様編みAで編みます。後ろ〈下〉と前〈下〉は作り目の鎖から指定の目数を拾い、模様編みB、Cで編みます。脇は引き抜きの鎖とじで合わせます。縁まわりは細編みで輪に編みます。肩ひもは指定の位置から目を拾い、模様編みDで編みます。後ろの縁まわりは指定の長さになるように編み地を寄せ、編みくるんだゴムカタンの端と肩ひもを後ろ身頃に縫いつけます。

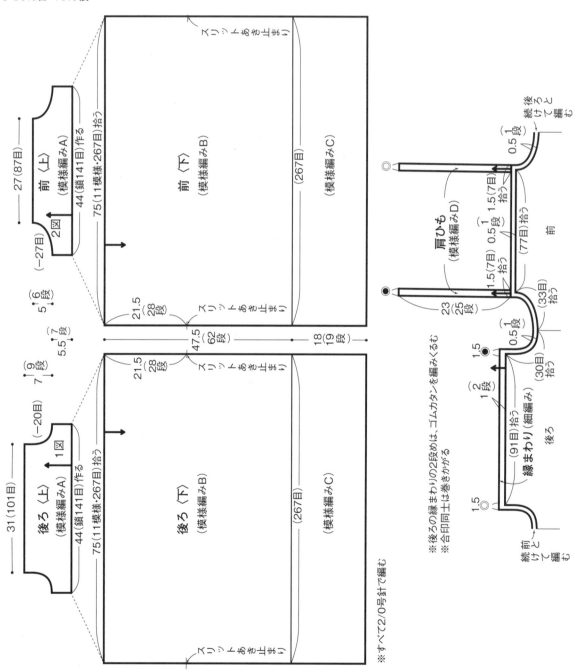

模様編みA

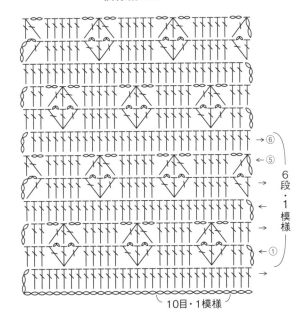

10目・1模様
6段・1模様

模様編みD

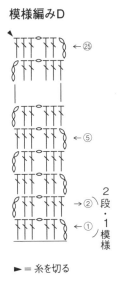

2段・1模様

► = 糸を切る

の編み方

 ① 四つ巻き長編みを編む

 ② 鎖を1目編む。Y字編み目(P92)の要領で四つ巻き長編みの足を2本拾い、三つ巻き長編みを編む

 ③ 鎖を1目編む。三つ巻き長編みの足を2本拾い、長々編みを編む

 ④ 鎖を1目編む。長々編みの足を2本拾い、長編みを編む

 ⑤ ③②と同様に長々編み、三つ巻き長編みを編む

模様編みC

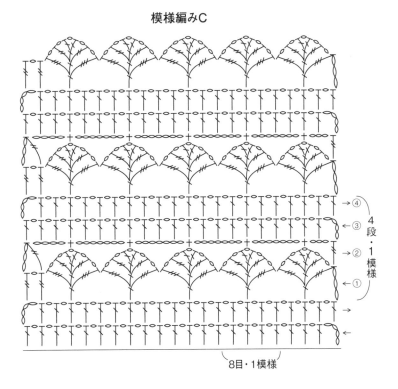

8目・1模様
4段・1模様

次ページへ続く

75

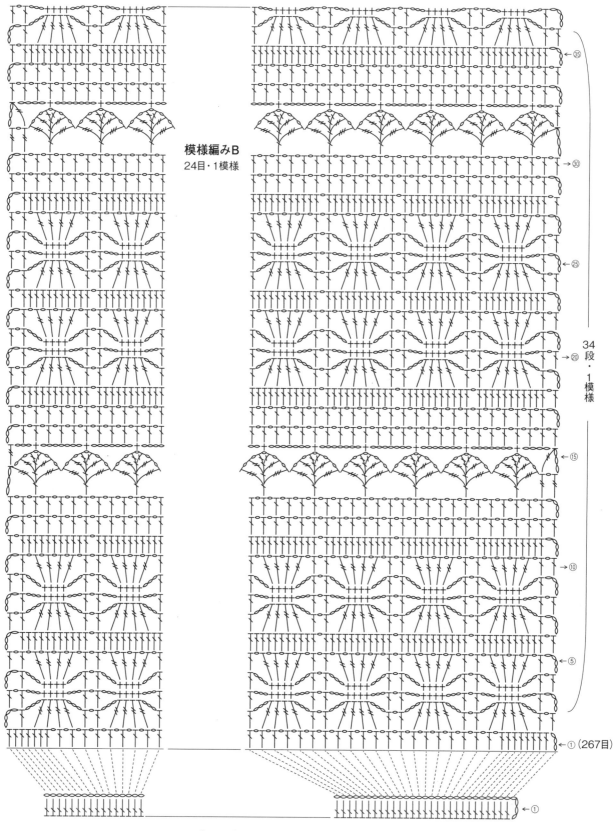

模様編みB
24目・1模様

① 四つ巻き長編みを編む
② 鎖を1目編む。Y字編み目の要領で四つ巻き長編みの足を2本拾い、三つ巻き長編みを編む
③ 鎖を1目編む。三つ巻き長編みの足を2本拾い、長々編みを編む
④ 鎖を1目編む。長々編みの足を2本拾い、長々編みを編む
⑤ ③②と同様に長々編み、三つ巻き長編みを編む

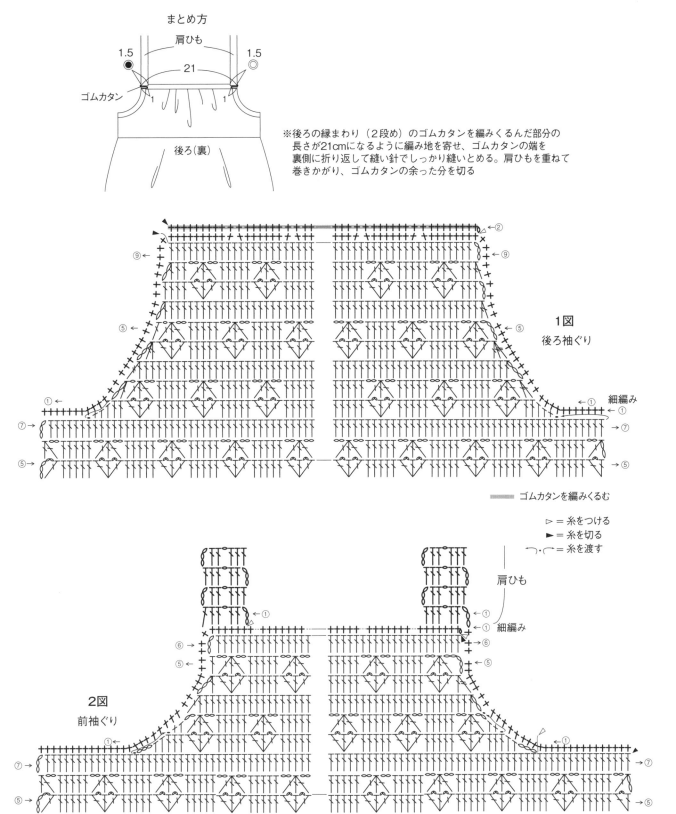

まんまる巾着 → Page 36

用意するもの
【糸】オリムパス エミーグランデ 茶系、ベージュ系とも オリーブブラウン(844)、ライトグレージュ(811)各30g
【レース針】0号

できあがりサイズ
幅22cm 深さ14cm

編み方ポイント
外側の7段めまではP13〜15を参照して編みます。8〜14段は、6・7段めを交互にくり返して増減なく編みます。内側は図を参照して8段めまでは増し目をしながら編み、9〜16段は増減なく編みます。外側と内側を外表に重ね、底の編み始めの糸端同士を結んで始末します。縁を内側の休めておいた糸で2段編みます。3段めは外側を編んだ糸をつけて編みます。ひもはスレッドコード(P94)で2本編み、縁に通してひも先を結びます。編み玉を編み、ひも先につけてまとめます。

配色

	a色	b色
茶系	オリーブブラウン	ライトグレージュ
ベージュ系	ライトグレージュ	オリーブブラウン

※すべてレース針0号で編む

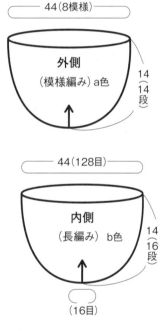

内側の増し目

段数	目数	
9〜16段	128目	増減なし
8段	128目	(+16目)
7段	112目	(+16目)
6段	96目	(+16目)
5段	80目	(+16目)
4段	64目	(+16目)
3段	48目	(+16目)
2段	32目	(+16目)
1段	16目	

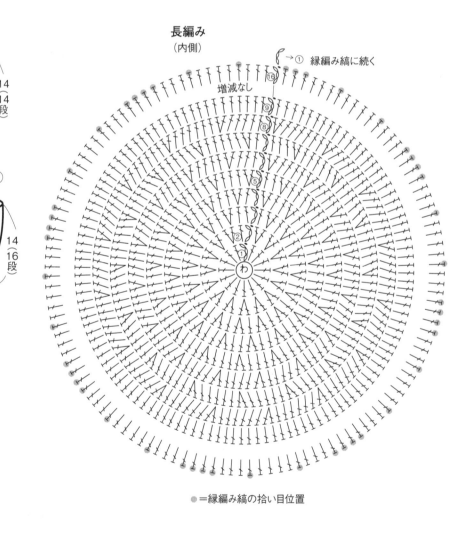

長編み(内側)

●=縁編み縞の拾い目位置

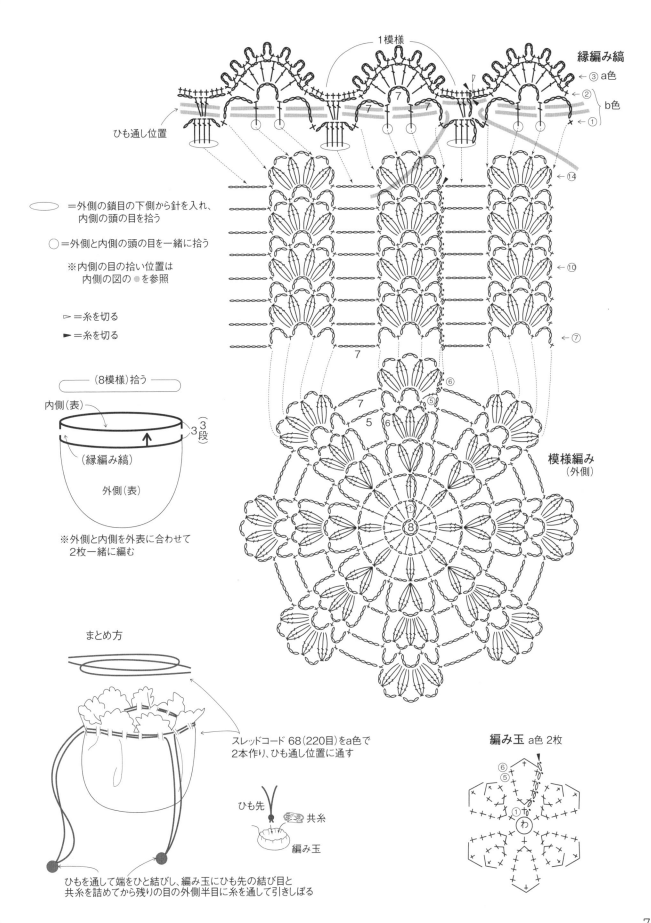

バラ模様のバッグ → page 38

用意するもの
【糸】オリムパス エミーグランデ アイボリーホワイト(732) 76g
【その他】中袋用ブロード 茶色28cm×58cm
【レース針】0号

できあがりサイズ
幅25cm 深さ27.5cm

ゲージ
10cm平方で方眼編み 40目・13段

編み方ポイント
バッグの底で鎖の作り目をして鎖の裏山を拾って編み始めます。図を参照して方眼編みで本体を編みます。作り目の鎖2本を拾い、もう一方の本体を同様に編みます。本体を中表に合わせて引き抜きの鎖とじ(P95)で合わせ、縁編み(持ち手の土台)を輪に編みます。ベルトは鎖の作り目の半目と裏山を拾って細編みを編んで本体の縁編みにつけます(P40)。中袋を縫って本体にまつりつけます。

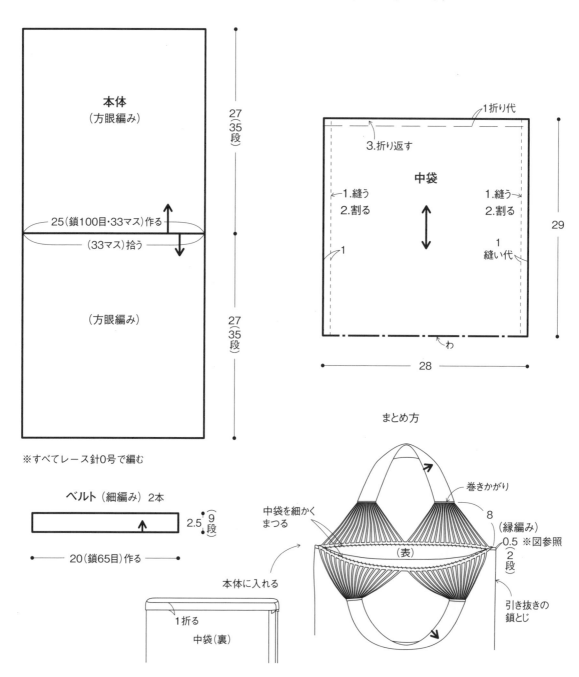

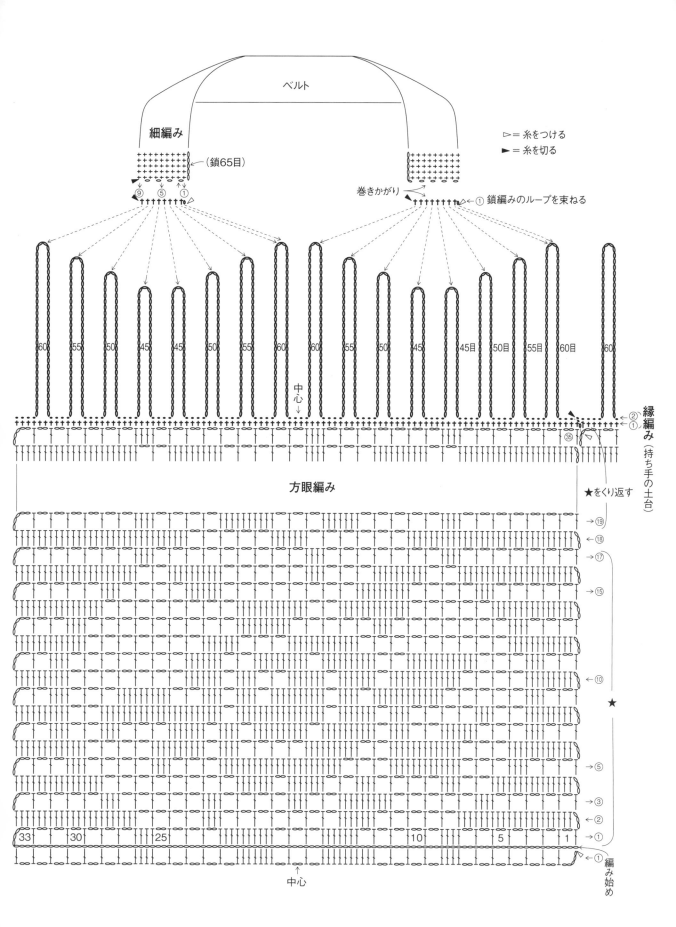

花束みたいなバッグ → page 39

用意するもの
【糸】中細リネン&コットン糸 ピンク235g
【その他】中袋用ブロード ピンク38cm×52cm、1.5cm幅のグログランリボン ピンク72cm
【かぎ針】3/0号

できあがりサイズ
幅35cm 深さ27.5cm

モチーフの大きさ
モチーフA 7cm×5.5cm

編み方ポイント
モチーフA・Bの編み方、つなぎ方は41ページを参照します。モチーフAは入れ口側から底へ1列ずつ番号順につないでいきます。モチーフBはモチーフAの4段めにつなぎながら空間を埋めるように編みつけていきます。入れ口はモチーフAの4段めとBを拾って編みます。持ち手は作り目の鎖の裏山を拾って2本編み、持ち手の裏側にグログランリボンをまつりつけます。持ち手を縁編みの1段めにかがりつけます。中袋は入れ口をできあがりに折って縫い縮め、本体の入れ口（縁編みの5段め）にまつりつけます。モチーフAは中心を中袋にとめます。

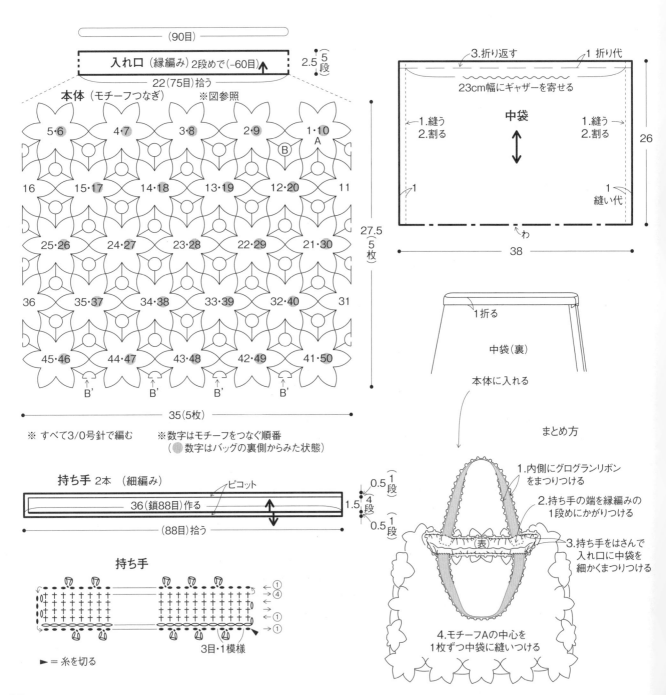

ロマンチックなラリエット
→ page 43

用意するもの

【糸】オリムパス エミーグランデ ライトグリーン(252)7g、クラウディピンク(162)、ペールイエロー(560)各少々
【その他】パールビーズ(4mm)125個
【レース針】0号

できあがりサイズ

長さ 約140cm

編み方ポイント

ブレードA、Bを編みます。花を指定の色で必要個数編んでブレードAにつけ、花の中央とその裏のブレードにパールビーズを縫い糸でとめつけます。ブレードBにパールビーズを縫い糸でとめつけます。図を参照してブレードAにBを縫いとめます。

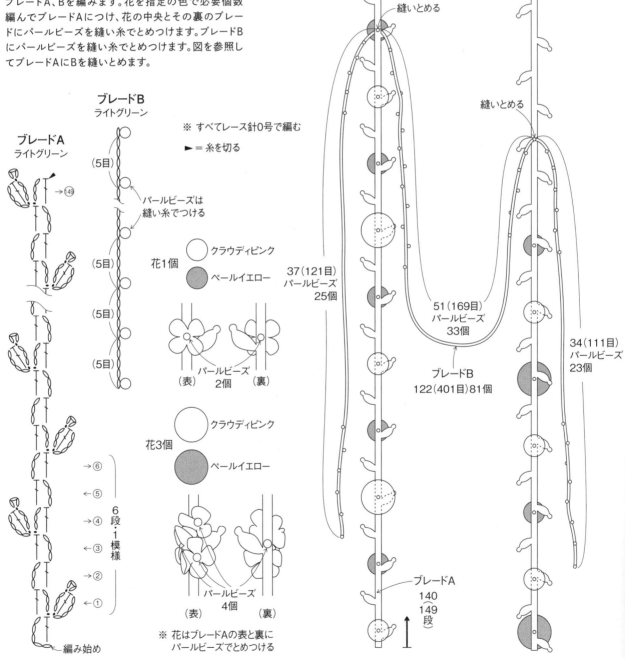

チャーミングなストラップ
→ page 44

用意するもの
【糸】オリムパス エミーグランデ ペールイエロー(560)、クラウディピンク(162)、ライトスカイブルー(341)、ライトストロベリー(119)、ラベンダー(600)、オフホワイト(800)各少々
【その他】丸大ビーズ(4mm)金色16個、竹ビーズ(6mm)金色22個、手芸用綿少々、ストラップ金具1組、直径1cmの丸カン1個
【レース針】0号

できあがりサイズ
長さ 約11cm(ストラップ金具含まず)

編み方ポイント
王冠、ハート、クロスは各2枚編んで、それぞれ外表に合わせて綿を詰め、周囲をかがります。リングは2枚を1組にし、鎖編みで2枚をつなぎます。丸カンに各鎖編みを取りつけてから、鎖編みの糸端で各パーツをつけます。

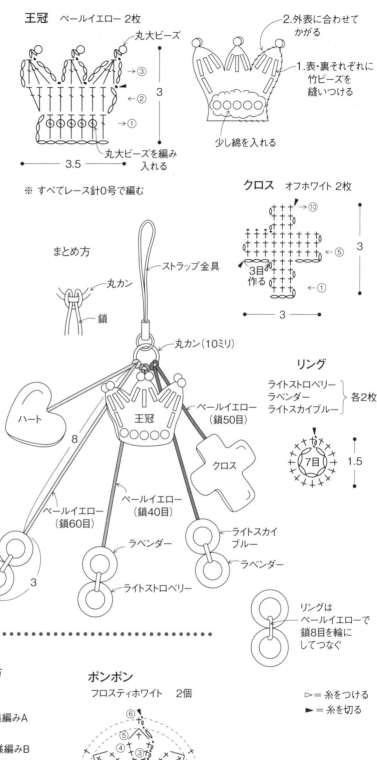

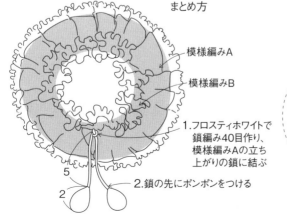

フリルのシュシュ(P47の続き)

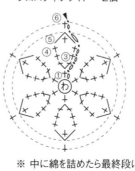

▷ = 糸をつける
▶ = 糸を切る

ブーケのコサージュ
→ page 42

用意するもの
【糸】オリムパス エミーグランデ ライトアンバー(814)5g、オフホワイト(800)、アイボリーホワイト(732)、ペールイエロー(560)、生成り(804)各少々
【その他】4mm幅のサテンリボン 薄茶30cm、長さ3.5cmのブローチピン 金色1個
【レース針】0号

できあがりサイズ
長さ 約11cm

編み方ポイント
巻きバラは花びらとがくを編んでまとめます(P45)。マーガレットは花びら、花芯、がくを編んでまとめます。茎を編み、それぞれがくに縫いつけます。葉は中央で鎖の作り目をして裏山を拾って編み、反対側は向こう側の半目を拾って編みます(半目のすじが出ます)。土台を編み、各パーツをバランスよくかがりつけてまとめます(P87)。裏側の土台にブローチピンを縫いつけます。

マーガレット(M)

花びら 生成り 4個

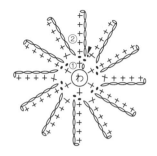

花芯 ペールイエロー 4個

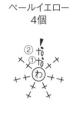

がく ライトアンバー 4枚

表 花びら 約4 中心に花芯を縫いつける

裏 花びら がく(表) 縫いつける 茎 (鎖30目)2本 M-b (鎖35目)1本 M-c

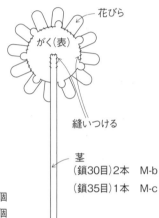

M-a = 花のみ 1個
M-b = 30目茎つき 2個
M-c = 35目茎つき 1個

► = 糸を切る
※すべてレース針0号で編む

花びら
A オフホワイト 1個
B アイボリーホワイト 1個

※花びらの記号図、仕上げ方はP45参照

巻きバラ(R)

がく ライトアンバー 2枚

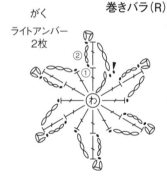

裏 花びら がく(表) 約4 縫いつける 茎(鎖30目)1本 R-A (鎖35目)1本 R-B

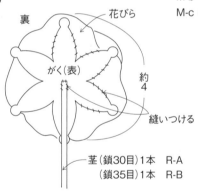

茎 ライトアンバー

土台 ライトアンバー 直径3.5

まとめ方
※各花を土台にかがる

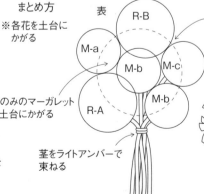

表 R-B M-a M-b M-c R-A
花のみのマーガレットは土台にかがる
茎をライトアンバーで束ねる

裏 土台(表) ブローチピンを縫いつける

葉 ライトアンバー 3枚

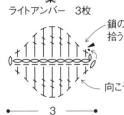

鎖の裏山を拾う
向こう側の半目を拾う
3

葡萄のブローチ
→ Page 42

用意するもの
【糸】 中細コットン糸 草色、生成り、ベージュ、ココア色、こげ茶 各少々
【その他】 手芸用綿少々、長さ3.5cmのブローチピン 銀色1個
【かぎ針】 3/0号

できあがりサイズ
長さ 約7cm

編み方ポイント
葉は茎部分から編み始めます。作り目の鎖編みの裏山を拾って引き抜き編みを編み、続けて先端の葉を編んで糸を切ります。サイドの葉は茎に糸をつけて編みます。実は綿を詰めて編み、糸端を残しておきます。土台を編み、実と葉をバランスよくかがりつけてまとめます。裏側の土台にブローチピンを縫いつけます。

ブーケのコサージュ

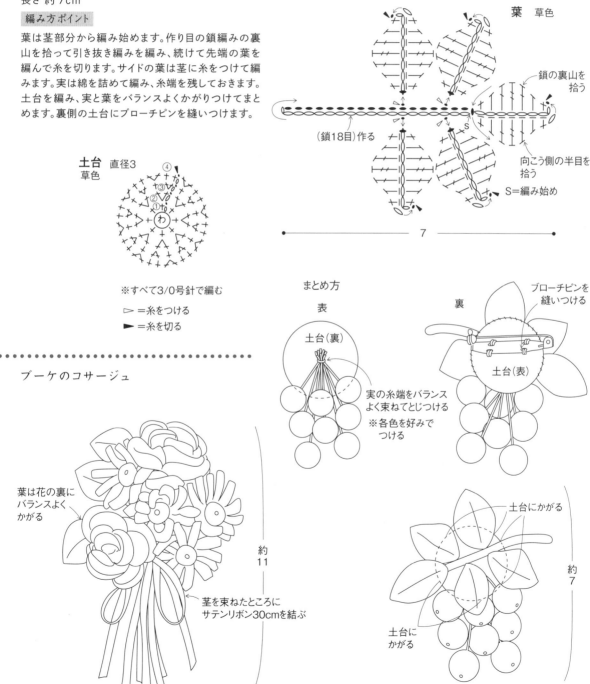

木の実とお花のチャーム
→ page 44

用意するもの
【糸】オリムパス エミーグランデ
木の実：ウイローグリーン（273）、ライトアンバー（814）、ライトスカイブルー（341）各少々
お花：ウイローグリーン（273）、アイボリーホワイト（732）、オイルイエロー（582）各少々
【その他】手芸用綿各少々
【レース針】0号

できあがりサイズ
長さ 木の実：30cm お花：32cm

編み方ポイント
木の実：葉は作り目の鎖の裏山を拾って編み、続けて茎Aを編みます。茎BはAの最後の目に引き抜きます。実を編み（P89）、糸始末をしておきます。図を参照し、茎の糸端を使ってまとめます。
お花：花びら、がく、花芯は輪の作り目をして編み、糸始末をしておきます。花芯に綿を詰めて花の中央にかがりつけ、茎をはさんでがくをかがりつけます。

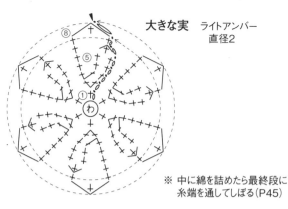

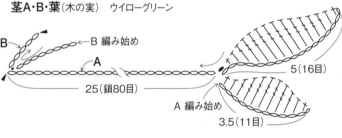

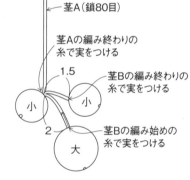

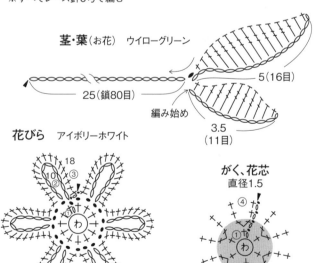

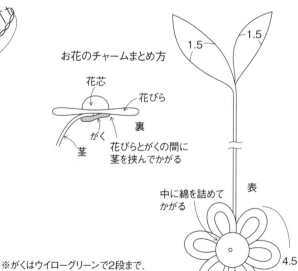

P88 木の実の編み方

丸くて立体的なモチーフの編み方です。輪の作り目をし、目を増しながら編み進めます。綿の詰め方はP45を参照します。

小さな実

1 輪の作り目をして（P7参照）立ち上がりの鎖1目を編みます。

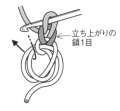
2 糸の輪に矢印のように針を入れます。

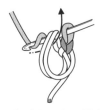
3 糸をかけて引き出します。

4 もう一度針に糸をかけて引き出します。

5 細編みが1目編めました。2〜4をくり返して細編みを編みます。

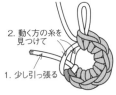
6 細編みを6目編んだら、輪を引きしめます。まず糸端を引いて動く方の輪を見つけます。

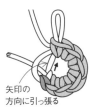
7 動く輪の糸を引いて、もう一方の輪を引きしめます。

8 さらに糸端を引いて輪を引きしめます。

9 編み終わりは編み始めの細編み1目めの頭に針を入れます。

10 糸端を編み目に添わせて針にかけ、矢印のように糸を引き抜きます。

11 編み始めと終わりがつながりました。2段めの立ち上がりの鎖を編みます。

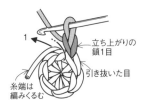
12 次の目は編み終わりで引き抜いた細編みの頭に編みます。

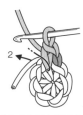
13 同じ目に針を入れ、前段の1目に細編み2目を編み入れます。

14 次の目も細編みを2目ずつ編み入れます。P88の記号図を参照して編み進めます。

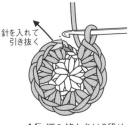
15 編み終わりは2段めの編み始めの細編みの頭に針を入れて引き抜きます。

16 3段めの立ち上がりの鎖を編みます。3〜6段めは増減なく編み、綿を詰めてから7段めを編みます。

大きな実

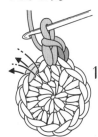
1 1、2段めは小さな実と同じです。3段めは立ち上がりの鎖1目・細編み1目を編み、次の目に細編み2目を編みます。

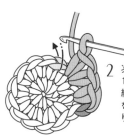
2 次の目は細編み1目を編みます。細編み1目・2目を編み入れるをくり返します。

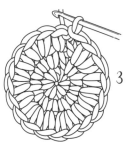
3 3段めが編めました。4〜7段めは記号図のように編み、綿を詰めてから8段めを編みます。

編み目記号の編み方

編み目記号は編み目の状態を表す記号として、
日本工業規格（Japanese Industrial Standards）によって定められたものです。
一般的には頭文字をとって「JIS記号」といいます。
編み目記号で表す図解は「表側から見た図」になります。

最初の目

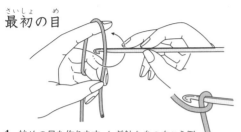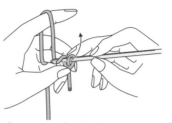

1　始めの目を作ります。かぎ針を糸の向こう側にあて、矢印のように1回転させて針に糸を巻きつけます。

2　糸のループの中を通って糸を引き出します。

3　糸端を引いて引き締めます。

4　最初の目ができました。

鎖編み目

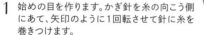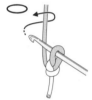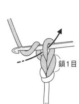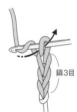

1　矢印のようにかぎ針を動かして、糸をかけます。

2　かぎ針にかかった目の中から糸を引き出すと、鎖1目が編めます。

3　糸をかけて、かぎ針にかかった目の中から2目めの鎖編みを引き出します。

4　「糸をかけて引き出す」をくり返して必要目数を編みます。

作り目の拾い（細編みの場合）

◆ 鎖の裏山を拾う方法

1　立ち上がりの鎖1目を編み、作り目の1目めの裏山にかぎ針を入れます。

2　針に糸をかけて引き出します。

3　もう一度糸をかけて、2本を矢印のように引き抜きます。

4　細編み1目が編めました。次からも鎖の裏山を拾いながら編みます。

◆ 鎖の半目を拾う方法

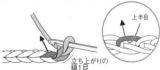

1　鎖の上半目にかぎ針を入れ、糸をかけて引き出して細編みを編みます。

2　次からも鎖の上半目を拾って編みます。

◆ 鎖の半目と裏山の2本を拾う方法

1　鎖の上半目と裏山にかぎ針を入れ、糸をかけて引き出して細編みを編みます。

2　次からも鎖の上半目と裏山の2本を拾って編みます。

引き抜き編み目

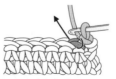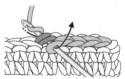

1　編む糸を向こう側において、矢印のように前段の編み目の頭2本にかぎ針を入れます。

2　かぎ針に糸をかけて、矢印のように引き抜きます。

3　2目めも前段の編み目の頭2本にかぎ針を入れ、糸をかけて引き抜きます。

4　次からも前段の編み目の頭2本にかぎ針を入れ、引き抜きます（つれやすいので、糸はゆるめに引き抜く）。

細編み目 ＋（×）
<small>弊社の記号　JIS記号</small>

 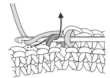 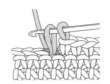  

1　矢印のように前段の編み目の頭2本にかぎ針を入れます。

2　かぎ針に糸を向こう側から手前にかけて、矢印のように引き出します。

3　鎖1目分の高さの糸を引き出します。

4　もう一度糸をかけて、かぎ針にかかっている2本を一度に引き抜きます。

5　細編み目が編めました。

中長編み目

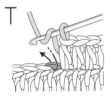 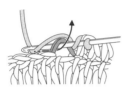  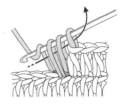 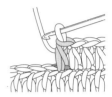

1　かぎ針に糸をかけて、前段の編み目の頭2本にかぎ針を入れます。

2　かぎ針に糸を向こう側から手前にかけて、矢印のように糸を引き出します。

3　鎖2目分の高さの糸を引き出します。

4　もう一度糸をかけて、かぎ針にかかっている3本を一度に引き抜きます。

5　中長編み目が編めました。

長編み目

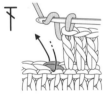    

1　かぎ針に糸をかけて、前段の頭2本にかぎ針を入れます。

2　かぎ針に糸を向こう側から手前にかけて、矢印のように糸を引き出します。

3　糸をかけて、かぎ針にかかっている針先の2本から引き出します。

4　もう一度糸をかけて、かぎ針に残っている2本を一度に引き抜きます。

5　長編み目が編めました。

長々編み目

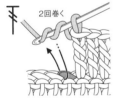  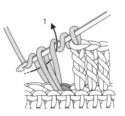 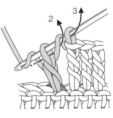 

1　かぎ針に糸を2回巻き、前段の頭2本にかぎ針を入れます。

2　かぎ針に糸をかけて、矢印のように糸を引き出します（鎖2目分の高さの糸を引き出す）。

3　糸をかけて、かぎ針にかかっている針先の2本から引き出します。

4　もう一度糸をかけて矢印の順に2本ずつ引き抜きます。

5　長々編み目が編めました。

細編みのうね編み目 ＋

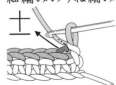 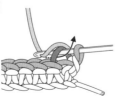 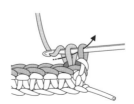 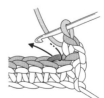 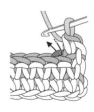

1　前段の細編みの頭の向こう側半目にかぎ針を入れます。

2　かぎ針に糸をかけて、矢印のように糸を引き出します。

3　糸をかけて、かぎ針にかかっている2本を引き抜きます。

4　次の目も前段の頭の向こう側半目にかぎ針を入れて編みます。

5　3段めも2段めと同様に前段の頭の向こう側半目に細編みを編みます。

Y字編み目

1 かぎ針に糸を2回巻いて糸を引き出し、長々編みを編みます。

2 鎖1目編み、針に糸をかけて長々編みの一番下の足2本に針を入れます。

3 針に糸をかけて引き出します。

4 もう一度糸をかけて、針先の2本を引き抜きます。

5 針に糸をかけて、2本を引き抜いてY字編み目のできあがりです。

長編み3目の玉編み目（1目から拾う）

    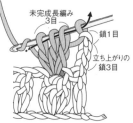

1 かぎ針に糸をかけて引き出し、針先の2本を引き抜いて未完成の長編みを編みます。

2 同じ目に針を入れて、未完成の長編みをもう2目編みます。

3 未完成の長編みが3目編めました。針先の4本を一度に引き抜きます。

4 長編み3目一度の玉編み目が編めました。

5 次の段を編むときは、前段の玉編みの頭を拾います。

長編み3目の玉編み目（束に拾う）

1 前段の編み目の空間にかぎ針を入れて未完成の長編みを3目編みます。

2 糸をかけて針先の4本を一度に引き抜きます。

3 前段の編み目の空間（束）に長編み3目の玉編み目が編めました。

変わり中長編み3目の玉編み目（1目から拾う）　　（束に拾う）

 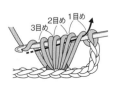   

1 かぎ針に糸をかけて、鎖2目分の高さの糸を引き出し、未完成の中長編みを編みます。同じ目にもう2目を編みます。

2 未完成の中長編みが3目編めました。針先の6本を一度に引き抜きます。

3 もう一度糸をかけて、残った2本を引き抜きます。

4 変わり中長編み3目の玉編み目が編めました。

前段の編み目の空間（束）に変わり中長編み3目の玉編み目が編めました。

長編み5目のパプコーン編み目（1目から拾う）

1 1目に長編み5目を編み入れていったんかぎ針をはずします。長編みの最初の目とはずしたループに針を戻します。

2 針先のループを1目めに通して引き出します。

3 さらに鎖を1目編んで引きしめ、長編み5目のパプコーン編み目のできあがりです。

細編み2目一度（減目）

1 前段の目にかぎ針を入れて鎖1目分の高さに糸を引き出し、未完成の細編みを編みます。

2 次の目に針を入れて、未完成の細編みをもう1目編みます。

3 未完成の細編み2目が編めました。針にかかっている3本を一度に引き抜きます（2目が1目になる）。

4 細編み2目一度が編めました。

細編み3目一度（減目）

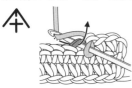  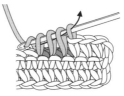 

1 前段の目にかぎ針を入れて鎖1目分の高さに糸を引き出し、未完成の細編みを編みます。

2 2目め、3目めにも同様に未完成の細編みを編みます。

3 未完成の細編み3目が編めました。針にかかっている4本を一度に引き抜きます（3目が1目になる）。

4 細編み3目一度が編めました。

長編み2目一度（減目）

1 未完成の長編み1目を編みます。糸をかけて次の目に針を入れます。

2 未完成の長編みをもう1目編みます。

3 糸をかけて、針先の3本を一度に引き抜きます（2目が1目になる）。

4 長編み2目一度が編めました。

細編み2目編み入れる（増し目）

1 前段の目に細編み1目を編みます。

2 同じ目にもう一度針を入れて、糸を引き出します。

3 糸をかけて引き抜き、細編みを編みます。

4 同じ目に細編み2目を編み入れました。

細編み3目編み入れる（増し目）

（間に鎖1目を入れる）

1 前段の目に針を入れ、細編みを編みます。同じ目にもう1目細編みを編みます。

2 細編み2目を編みました。同じ目にもう1目細編みを編みます。

3 同じ目に細編み3目を編み入れました。

4 同じ目に細編み1目・鎖1目・細編み1目を編みました。

長編み2目編み入れる（1目から拾う）

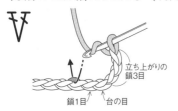   

1 かぎ針に糸をかけて糸を引き出し、長編みを編みます。

2 針に糸をかけて、同じ目から糸を引き出します。

3 長編みを編みます。

4 同じ目に長編み2目を編み入れました。

長編み2目編み入れる（束に拾う）

 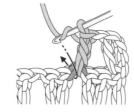 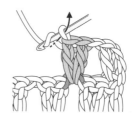

1 かぎ針に糸をかけ、前段の編み目の空間に針を入れて長編みを2目編みます。

2 前段の編み目の空間（束）に長編み2目を編み入れました。

鎖3目の引き抜きピコット（細編みに編む）

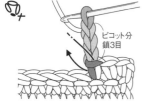 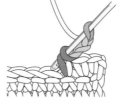  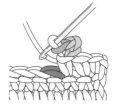

1 ピコット分の鎖3目を編み、矢印のようにかぎ針を入れます。

2 細編みの頭の手前側半目と足1本に針を入れます。

3 糸をかけて、矢印のように引き抜きます。

4 鎖3目の引き抜きピコットが編めました。

鎖3目の引き抜きピコット（ネット編みの中央に編む）

  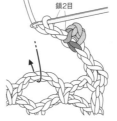 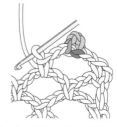

1 ピコット分の鎖3目を編み、4目手前の鎖の半目と裏山にかぎ針を入れます。

2 針に糸をかけて、矢印のように引き抜きます。

3 鎖3目の引き抜きピコットが編めました。記号図の通りに続きを編みます。

4 ネット編みの中央に鎖3目のピコットが編めました。

スレッドコード

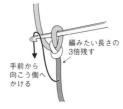    

1 編み始めの糸を残して最初の目を作ります。残した糸をかぎ針にかけます。

2 針にかかっている糸と目を一度に引き抜きます。

3 1目編めました。残した糸をかぎ針にかけます。

4 針にかかっている糸と目を一度に引き抜きます。

5 3、4をくり返します。最後は糸端を切って鎖目を引き抜きます。

二重鎖編み（引き抜き編み）

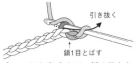   

1 かどを出すため、鎖1目をとばして次の鎖の裏山にかぎ針を入れます。糸をかけて引き抜きます。

2 次の目も鎖の裏山にかぎ針を入れます。

3 かぎ針に糸をかけて引き抜きます。

4 2、3をくり返して編みます。

編み終わりの目の拾い方

◆長編みの場合

2段め

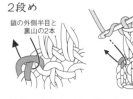

前段の立ち上がりの鎖3目めの裏山と半目の2本を拾って編みます（鎖目が裏を向いている）。

3段め以降

前段の立ち上がりの鎖3目めの半目と裏山の2本を拾って編みます（鎖目が表を向いている）。

◆細編みの場合

前段の細編みの頭2本を拾って編みます（立ち上がりの鎖からは拾わない）

引き抜きの鎖とじ

  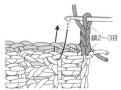  

1 2枚の編み地を中表に合わせて、最初は作り目の鎖同士にかぎ針を入れて糸を引き出します。

2 引き抜き編み1目を編みます。

3 次の編み目の頭までの長さに応じた鎖（2〜3目）を編みます。

4 端の目の頭同士にかぎ針を入れ、引き抜き編みをします。

5 次の編み目の頭までの長さに応じた鎖（2〜3目）を編み、端の目の頭同士を引き抜きます。

巻きはぎ

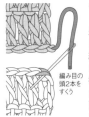 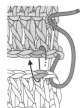 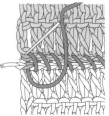

1 糸端をとじ針に通します。編み地を突き合わせて持ち、それぞれ最終段の頭2本をすくいます。

2 とじ針をいつも同じ方向（向こう側から手前）に入れて、1目ずつはぎます。

3 はぎ終わりはさらに1〜2回同じところにとじ針を入れます。

巻きとじ

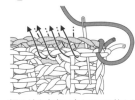

編み地を中表に合わせて2枚とも端の目を割りながら、矢印のようにとじ針を入れてつなぎます。

モチーフのつなぎ方（編みながらつなぐ）

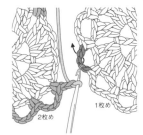 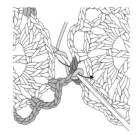 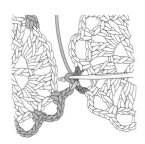 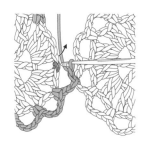

1 1枚めのモチーフの鎖編みの空間に上からかぎ針を入れます。

2 かぎ針に糸をかけ、引き抜きます。

3 2枚のモチーフが引き抜き編みでつながりました。

4 2枚めのモチーフに戻って続きを編みます。

profile

河合真弓

ヴォーグ編物指導者養成校卒業後、とびないえいこ主宰「工房とびない」のアシスタントを経て独立。編み物スタイルブックをはじめ、手作り雑誌、各糸メーカーにてさまざまな手編み作品を発表するなど、幅広く活躍中。『はじめてのアイリッシュ・クロッシェレース モチーフ100』(小社刊)など著書多数。

作品製作協力

石川君枝　沖田喜美子　関谷幸子　根本絹子
羽生明子　堀口みゆき　松本良子

スタッフ

ブックデザイン・アベユキコ
撮影・渡辺淑克　鈴木信雄(プロセス)
スタイリング・前田かおり
編集協力・石原賞子　関川あけみ　コマツ・コージ
曽我圭子　西田千尋　小林美穂　大前かおり
編集担当・鈴木博子

素材協力

オリムパス製絲株式会社(オリムパス)
愛知県名古屋市東区主税町4-92
TEL.052-931-6679
https://olympus-thread.com/

やさしくレッスン
レトロで可愛いレース編み

発行日　2025年4月24日
著者　河合真弓
発行人　瀬戸信昭
編集人　舟生健一
発行所　株式会社　日本ヴォーグ社
　　　　〒164-8705　東京都中野区弥生町5-6-11
　　　　編集／TEL03-3383-0635
　　　　出版受注センター／TEL03-3383-0650
　　　　FAX03-3383-0680
印刷所　株式会社東京印書館

Printed in Japan　©MAYUMI KAWAI 2025
ISBN978-4-529-06477-2

手づくりに関する情報を発信中
日本ヴォーグ社 公式サイト

ショッピングを楽しむ
手づくりタウン

ハンドメイドのオンラインレッスン
 CRAFTING
初回送料無料のお得なクーポンが使えます！詳しくはWebへ

 ヴォーグ学園
手づくり専門カルチャースクール

日本ヴォーグ社の通信講座 **手芸の学校**

あなたに感謝しております
―We are grateful.―

手づくりの大好きなあなたが、この本をお選びくださいましてありがとうございます。
内容はいかがでしたでしょうか？
本書が少しでもお役に立てば、こんなにうれしいことはありません。
日本ヴォーグ社では、手づくりを愛する方とのおつき合いを大切にし、ご要望におこたえする商品、サービスの実現を常に目標としています。
小社及び出版物について、何かお気づきの点やご意見がございましたら、何なりとお申し出ください。
そういうあなたに、私共は常に感謝しております。

株式会社日本ヴォーグ社社長　瀬戸信昭
FAX03-3383-0602

JCOPY <(社)出版者著作権管理機構 委託出版物>
本書(誌)の無断複製は著作権法上での例外を除き禁じられています。複製される場合は、そのつど事前に、出版者著作権管理機構(電話03-5244-5088、FAX03-5244-5089、e-mail:info@jcopy.or.jp)の許諾を得てください。

万一、乱丁本、落丁本があればお取替えいたします。お買い求めの書店か小社出版受注センターへお申し出ください。